ÉLÉMENTS DE PSYCHOLOGIE SPIRITUELLE

Spiritualités vivantes

Dr Jacques Vigne

ÉLÉMENTS DE PSYCHOLOGIE SPIRITUELLE

Albin Michel

Albin Michel
▪ *Spiritualités* ▪

Collections dirigées
par Jean Mouttapa et Marc de Smedt

22, rue Huyghens, 75014 Paris

ISBN 2-226-06199-1
ISSN 0755-1746

Sommaire

Introduction 9

Première partie
SPIRITUALITÉ DE LA PSYCHOLOGIE

1. Peut-on guérir une normose? 23
2. Dépression et spiritualité 39
3. Le sage enfant 55
4. La croissance et l'essence 69
5. Folle sagesse 87

Deuxième partie
PSYCHOLOGIE DE LA SPIRITUALITÉ

1. Comment Jésus est-il considéré par les hindous? 123
2. Dogmatique, politique et expérience intérieure dans les premiers siècles de l'Église 141
3. La conception de l'autorité 155
4. Le désir de martyre, pathologie ou sainteté? 173
5. Le maître spirituel et la méditation 181

Introduction

« Du silence provient l'ego, de l'ego provient la pensée, de la pensée provient la parole. C'est pour cela que le silence est largement plus puissant que la parole. » Cette réflexion de Ramana Maharshi semble couper court au propos même de cette étude. Pourquoi parler sur une expérience qui est essentiellement silencieuse, non touchée par les mots?

Quand on s'intéresse au domaine de la psychologie spirituelle, on s'aperçoit que celle-ci se réfère à des stades, des niveaux de conscience et d'évolution intérieure très variés. En effet, elle n'a pas pour but de conduire l'individu à une normalité définie implicitement d'après une sorte de moyenne statistique comme le fait la psychologie clinique. Elle a pour but d'éclairer le chemin de l'individu vers un état qui s'approche de la perfection. Je débute ce livre en consacrant le premier chapitre à une critique de la notion occidentale de normalité.

Les traditions religieuses parlent de salut ou de libération. Il ne s'agit pas pour elles d'un vague idéal perdu dans un futur éloigné, mais du cœur même de leur démarche, d'une sorte de cap qu'il est bon de faire prendre à son navire ici et maintenant et de garder au travers des tempêtes de l'évolution intérieure. A chaque génération, certains individus, peu nombreux, s'approchent de cet état où la conscience humaine parvient à son épanouissement plein.

Je suis conscient que cette notion est étrangère à la psychologie occidentale classique; même celui qui est suffisamment ouvert pour entamer un chemin spirituel doit faire, si ce n'est un acte de foi, au moins un acte de confiance pour accepter l'existence d'un tel état. Au bout de quelque temps, cet acte de confiance est grandement encouragé par des expériences de bonheur intérieur, même partiel, qui surviennent à l'occasion de la pratique spirituelle; puis, quand le chercheur rencontre son maître, il n'est plus question de foi ou de croyance, mais seulement d'expérience.

Le maître est une clé de voûte dans l'édifice de la psychologie spirituelle; c'est pour cette raison que j'ai préféré commencer par écrire un ouvrage sur *Le Maître et le Thérapeute* plutôt que, d'emblée, sur la psychologie spirituelle. Quand on étudie cette dernière, on est sans cesse placé en face de paradoxes : il faut méditer, mais en même temps il faut agir, il faut avoir un intense désir de progresser, et en même temps être complètement réceptif, s'intérioriser et pourtant faire un avec les autres, etc. Le maître spirituel, comme le fléau de la balance en équilibre, nous montre la voie du juste milieu, sans avoir besoin de faire de longs discours.

La psychologie spirituelle peut donner les lignes générales d'une évolution, ou avertir de certains problèmes que l'on peut rencontrer en chemin; mais elle en dira trop pour une certaine personne, et trop peu pour l'autre. Si elle analyse minutieusement tous les problèmes possibles lors d'une pratique d'intériorisation à long terme, elle risque fort de créer un effet de suggestion négative. Cela me semble une des grandes raisons du silence relatif des sages sur le détail des difficultés que l'on peut rencontrer en cours de route. Il est suffisant d'en parler quand elles se présentent, ou mieux, juste avant qu'elles ne se présentent. Ainsi, le disciple ne s'encombrera pas l'esprit d'une foule de problèmes qu'il ne rencontrera peut-être pas en réalité.

Certes, une théorie minimum est nécessaire : être conscient du type de vision du monde qui sous-tend sa démarche, avoir une bonne idée du but vers lequel on tend, etc., mais une théorie analytique et détaillée du genre de celles que l'on trouve en psychologie occidentale ne représentera qu'un substitut insuffisant du maître spirituel. Je vois, en résumé, trois raisons à ce fait : premièrement, les théories alourdissent l'esprit alors que ce dernier a un long chemin à faire; deuxièmement, elles créent des suggestions négatives qui viennent s'ajouter à celles que fabrique déjà le « mental automatique » (en sanscrit *manas*) du chercheur. Troisièmement, les théories, par leur présentation nécessairement analytique, attirent l'esprit dans le sens de la fragmentation plutôt que dans celui de l'unité. C'est pourtant l'attrait pour l'unité qui est le moteur de la voie spirituelle, et l'expérience de cette unité qui en est le couronnement.

Ce que je dis à propos de la dépression, du délire, de la régression ne s'adresse pas à des patients en période aiguë; ils n'en sont pas à un stade où ils peuvent être aidés par un écrit; par contre, ils pourront bénéficier de ces textes soit après leur crise, pour essayer de comprendre ce qui leur est arrivé, soit avant, pour tenter de prévenir ou d'atténuer les troubles qu'ils sentent se dessiner en eux. Les idées de ce livre aideront également l'entourage du patient ou de la personne qui a des difficultés psycho-spirituelles, ainsi que les thérapeutes.

Il va sans dire que, parmi les mouvements de psychologie avec lesquels je sympathise tout particulièrement, se trouvent la psychologie humaniste et la psychologie transpersonnelle, que ce soit par le biais de l'Association française du transpersonnel ou du *Journal of Transpersonal*. Cependant, je me suis aperçu, après avoir écrit une grande partie de cet ouvrage, que je ne me référais pas particulièrement à Stanislav Grof, auteur du livre *Psychologie transpersonnelle* (traduit de l'américain aux Éditions du Rocher); de ce fait, j'ai préféré parler simplement dans mes textes de « psychologie spirituelle »; de plus, vivant depuis cinq ans en Inde et y suivant moi-même une voie traditionnelle, je n'ai pas d'appréhension à utiliser le mot « spirituel ».

Le troisième point de vue

Les ouvrages qui paraissent à Paris sur la psychologie spirituelle font beaucoup de va-et-vient entre le christianisme et la psychologie, et souvent entre des formes assez rigides de l'un et de l'autre, par exemple le catholicisme et la psychanalyse freudienne. Ils essaient d'opérer la quadrature du cercle en cherchant à faire cadrer deux systèmes également peu souples et qui, au fond, se repoussent mutuellement comme l'huile et l'eau. Moyennant une grande dépense d'énergie intellectuelle, ils réussissent à trouver quelques rapprochements qui restent malgré tout fragiles, et, à mon sens, peu convaincants. Sans négliger l'apport de ces deux points de vue, j'essaie d'en introduire un troisième, qui est le point de vue oriental, en pratique hindou ou bouddhiste. Cette autre manière de voir les choses de l'esprit, solidement assise sur une tradition deux ou trois fois millénaire, permet à mon sens de débloquer bien des oppositions stériles et paralysantes qui divisent l'esprit des Occidentaux en deux parties opposées : l'esprit psychologique et l'esprit religieux.

Ce livre se compose de deux grandes parties : les cinq premiers chapitres suivent un plan de type psychologique dans leur présentation. Je commencerai par discuter la notion de normalité en Orient et en Occident, ensuite j'envisagerai successivement différents syndromes cliniques, la dépression, la régression; je continuerai par une étude critique du rapport de certaines idées nouvelles en psychologie avec leurs sources ou leurs équivalents orientaux et je terminerai par quelques réflexions sur la « folle sagesse ». Ces chapitres ont d'abord été publiés, pour la plupart, sous forme d'articles, mais leur succession suit un fil directeur puisqu'il avait été prévu dès le départ de les intégrer dans un livre.

Le second volet de cet ouvrage, « La transmission spirituelle », aborde la question de la psychologie spirituelle sous l'angle religieux. Comment, dans l'hindouisme comme dans le christianisme, l'expérience intérieure se transmet-elle, quel est le rapport de cette transmission avec l'institution au sens large?

Dans ce second volet de l'ouvrage, je ne discuterai pas du rôle éducatif ou social des Églises ou de l'hindouisme; je me centrerai sur une étude des facilités et des difficultés que rencontre le mystique pour épanouir son expérience et son enseignement au sein de sa communauté. Je renvoie le lecteur au début de cette partie pour une présentation plus détaillée.

La psychologie spirituelle conduit au-delà d'elle-même

Je souhaite éviter d'enfermer la psychologie spirituelle dans un système; en effet, j'estime que cette psychologie ne pourrait pas sérieusement prétendre nous aider à nous dépasser nous-mêmes si elle n'était pas capable de se dépasser elle aussi. C'est pour cela que je ne suis pas pressé de la définir. « Psychologie » et « spirituel » sont deux mots de la langue française, tout le monde peut donc commencer à donner quelque signification à leur rencontre. D'autre part, si l'on souhaite savoir plus précisément ce que je mets sous ces deux mots, il suffit d'avoir la patience de lire ce livre.

J'aborderai l'étude de quelques différences dans les domaines respectifs des psychothérapies et des voies spirituelles dans le chapitre IV, « La croissance et l'essence », où se trouve traité le sujet du Yoga et de la psychothérapie. Je peux cependant donner quelques points de repère dès maintenant : une psychothérapie est clairement indiquée pour ceux qui sont franchement pathologiques, pour les personnes qui ont un tempérament primaire et pour lesquelles réussir à verbaliser certains problèmes représente un grand progrès, un premier pas hors de l'ignorance, mère de tous les maux. Elle est naturellement indiquée pour ceux qui ont peur du spirituel et qui se contentent de « l'athéisme du charbonnier ». La psychothérapie aura au moins l'avantage de leur faire sentir que le cerveau ne fonctionne pas comme une machine à calculer...

Par contre, pour ceux qui ont certaines aspirations spirituelles, s'engager dans un travail intérieur à long terme avec un psychothérapeute me semble plus risqué. Ils ont déjà un certain nombre de chances de tomber sur un psychothérapeute qui aura moins d'intuitions spirituelles qu'eux car prisonnier de ses propres grilles de lecture et de l'angoisse de ses patients, angoisse qu'il aura du mal à ne pas refléter. L'aspiration spirituelle est quelque chose de fragile au début, elle est une petite flamme qui est facilement éteinte, en particulier par un thérapeute qui n'y connaît pas grand-chose mais qui impressionne le client en lui suggérant deux ou trois banalités de première année de psychologie. Si le soignant est lui-même engagé dans une voie spirituelle, alors se posera un problème d'un autre ordre : le thérapeute aura toutes les chances d'être vécu par le patient comme un gourou; il n'est pas si facile en pratique de se dégager de ce genre de projection. Saint Jean de la Croix s'élevait fortement contre les dégâts causés aux âmes par des directeurs spirituels incompétents : il leur reprochait d'avoir une vie religieuse tiède et une connaissance principalement intellectuelle des différentes étapes de la vie intérieure. Que dire des psychothérapeutes qui n'ont même pas cela?

Soit on considère que la psychothérapie est une technique, et à ce titre, la lecture de livres de psychothérapie associée à une pratique d'intériorisation est suffisante pour comprendre bien des choses en attendant de trouver un maître spirituel. Soit on considère que le patient reçoit directement du thérapeute une impulsion à évoluer en s'identifiant à sa personne et, dans ce cas, il faut être bien sûr de la pureté d'esprit de celui auquel on demande de l'aide; en effet, le processus d'identification est spontanément global, et il est très délicat pour celui qui aide comme pour celui qui est aidé de faire la part des « bons » éléments qui devraient passer dans la relation et des moins bons qui ne le devraient pas. Pourquoi celui qui a de l'intérêt pour une voie spirituelle ne rechercherait-il pas directement un enseignant spirituel, même si celui-ci n'a pas atteint la perfection et est moins disponible qu'un psychothérapeute pour parler en détail de ses problèmes personnels? Pourquoi ne pas inclure dès le départ les dimensions d'altruisme, de compassion et de transcendance qui caractérisent une voie spirituelle par rapport à une thérapie? Quel que soit le choix que fera celui qui veut être aidé, il faudra qu'il le fasse avec discrimination. Le domaine psycho-spirituel est nécessairement flou au départ, les vérités sont mêlées d'illusions pieuses, voire de franche hypocrisie, le bon grain est mêlé à l'ivraie; il faut que le chercheur soit capable, comme le *hamsa* (cygne) dans la tradition indienne, de « discriminer l'eau du lait ».

Pouvoir parler en détail de ses problèmes personnels est le grand moyen d'évolution en psychothérapie, il est moins important dans une relation d'aide spirituelle. Il y a plusieurs raisons à cela : un disciple a une relation à long terme avec son maître, qui est doué d'une mémoire attentive et qui n'a donc pas besoin d'entendre ressasser des difficultés que le disciple a déjà exposées auparavant. C'est un point de vue superficiel de vouloir tout faire évoluer par le langage : pour ceux qui ont l'expérience silencieuse de la méditation, le langage n'est qu'une petite partie de la communication, une sorte de béquille pour lui permettre de s'enclencher. Il peut être une violence faite à ce qui naît spontanément au-dedans, une atteinte au processus d'épanouissement de la fleur intérieure. Il est utile pour les patients qui ont peu de possibilités d'introversion directe ou qui sont en crise grave. Il est évidemment difficile de s'en passer dans les psychothérapies brèves, calquées sur le modèle de la consultation médicale où l'on cherche à évaluer rapidement une histoire et une situation. Mais avec les demandeurs d'aide qui ont plus de maturité, le silence, ou la parole orientée vers une pratique ou encore la conversation sur autre chose que les problèmes psychologiques sont également bons. La situation déborde alors le cadre des entretiens formels et peut inclure toutes sortes de situations de la vie courante, comme c'est le cas dans la relation de maître spirituel à disciple.

Quelqu'un qui est habitué au fonctionnement psychothérapique sera étonné de voir qu'un aspirant spirituel a une grande réticence à parler de ses expériences intérieures; de même que l'un des charmes de la vie privée d'un couple vient justement du fait qu'elle est privée, le charme de la vie intérieure vient précisément du fait qu'elle est intérieure. Parler soulage, il est vrai, mais n'est-ce pas un soulagement plus ou moins symptomatique? Le chercheur spirituel ne cherche pas nécessairement à être soulagé, il veut aller à la racine de son problème, il a besoin d'une grande énergie pour cela et le silence est un des facteurs qui lui donne cette énergie. La voie la plus directe, pour celui qui a déjà une certaine connaissance de son mental, est de cesser de se perdre dans les labyrinthes de l'analyse intérieure pour se désidentifier globalement et répétitivement du mental. Ramana Maharshi disait à peu près ceci : « Quand vous jetez une poubelle, vous n'allez pas détailler tous les éléments qu'elle contient; vous la jetez, et puis c'est tout. » C'est la meilleure méthode pour ceux qui ont une maturité et une motivation suffisantes. On peut mentionner une autre différence : la psychologie a pour but de panser les blessures, d'améliorer les relations affectives et l'amour; une voie spirituelle cherche, en plus de cela, à percevoir l'essence de l'amour *.

Il ne me semble pas inutile, à la fin de cette introduction,

* Les voies spirituelles orientales sont associées à une pratique corporelle, ne serait-ce déjà que par l'attention donnée à la posture de méditation. Les nouvelles psychothérapies découvrent cet aspect à leur manière. Si je n'insiste pas là-dessus dans ce livre, c'est que je considère ce point comme acquis. Je ne suis pas un expert en hatha-yoga, mais je le pratique à peu près tous les jours depuis une vingtaine d'années, et cela me fait du bien au corps et à l'esprit; de plus, le fait de l'enseigner à mes patients m'a aidé à établir avec eux une bonne relation thérapeutique.

de dire que je ne me considère pas comme un gourou ni comme un enseignant spirituel. Je suis un chercheur qui va sa voie et qui souhaite comprendre quelles sont les bases d'une psychologie spirituelle équilibrée avec ce qu'il connaît de l'Occident, avec sa pratique de psychiatre et de psychothérapeute, ainsi que ce qu'il a découvert depuis cinq ans en Inde à travers la pratique du Yoga et de la méditation. J'ai simplement voulu témoigner de ce que je sens vrai par expérience. Je ne me sens pas investi d'une mission spéciale pour influencer les autres, et cela si peu que je n'exerce même plus comme thérapeute. A force de répéter avec conviction certaines idées de psychologie élémentaire qui étaient censées aider mes patients, j'ai eu peur de finir par y croire et, pour parler familièrement, de me mettre à radoter. J'ai préféré consacrer mon énergie, pendant un certain temps, à un travail intérieur plus intensif. L'esprit de l'homme a dans l'histoire de l'évolution cette faculté unique de pouvoir se secouer lui-même. J'ai décidé de m'en servir.

Après avoir exercé pendant cinq ans en hôpital psychiatrique et passé plus de cinq ans en Inde dans un milieu traditionnel, j'ai quelques bases solides pour établir une comparaison entre les deux systèmes. Le fait de vivre au sein d'une population de neuf cents millions d'habitants qui développent leur propre esprit relativement bien, sans pratiquement aucune référence à la psychologie occidentale, m'a amené naturellement à guérir de mon ethnocentrisme intellectuel et à élargir mes vues. On peut comparer la psychologie moderne à un monument : il est très difficile d'en apercevoir les proportions d'ensemble quand on vit et travaille dans l'une de ses pièces. Mieux vaut en sortir et le regarder d'un peu loin pour acquérir un point de vue synthétique. Ma pratique spirituelle est celle du Vedanta, de la méditation sur la non-dualité. Je ne me sers plus de la psychologie occidentale pour explorer mon propre esprit, bien que je continue à la respecter pour ce qu'elle m'a apporté au début et pour ce qu'elle continue à apporter aux autres. Je me réfère maintenant, directement, à l'enseignement des sages, qui donnent les points de repère nécessaires sur un chemin qu'ils ont eux-mêmes parcouru.

Étant donné les dimensions modestes de ce livre, je suis loin d'avoir pu développer toutes mes idées; sans doute n'était-ce pas nécessaire. J'ai suggéré plus que je n'ai explicité et j'ai confiance dans le lecteur, sachant qu'il pourra faire ses propres associations sur ce qui lui parle directement dans cet ouvrage. Il n'est pas dit que je continue d'écrire toute ma vie sur les psychologies ou les religions comparées. La tradition met en avant la perception directe de l'Absolu *(aparokshânubhûti)*. Il y a un stade où seules les idées semblent claires et réelles, et ce qu'il y a au-delà ne paraît qu'une ombre; mais le témoignage des sages et mystiques du passé assure qu'il existe ensuite un autre stade où l'on expérimente directement la réalité de la Réalité et où les idées apparaissent pour ce qu'elles sont, c'est-à-dire des ombres. C'est peut-être ce genre de réalisation qu'a eu saint Thomas d'Aquin quand il a dit, quelques semaines avant sa mort : « A présent, tout ce que j'ai écrit me semble comme de la paille. » Je suis heureux de remercier Martine Quentric-Seguy, Évelyne Radureau et Robert Dumel, qui exercent tous trois la psychothérapie tout en suivant un chemin spirituel et qui ont critiqué certains chapitres de la première partie. Je remercie également Mme Catherine Clémentin-Ojha, enseignante d'indologie à l'Institut catholique de Paris, Mme Ysé Masquelier, chargée d'enseignement en religions comparées à la Sorbonne, M. Michel Hulin, professeur de philosophie comparée à la Sorbonne également, le Père Gispert-Sauch, jésuite espagnol vivant depuis plusieurs décennies en Inde et le Père James Stuart de Delhi, ami et biographe du Père Le Saux, pour m'avoir fait part de leurs observations sur la seconde partie concernant l'hindouisme et le christianisme. Cela dit, les idées que j'exprime n'engagent que moi-même. Je remercie enfin Vijayânanda, un ancien médecin français disciple de Mâ Anandamayî et menant depuis quarante ans la vie de sannyâsi en Inde; il m'a fait bénéficier depuis sept ans de sa connaissance directe du Yoga et de son expérience de mystique, au-delà des religions.

Je souhaite que ce livre puisse aider le plus grand nombre et puisse permettre à beaucoup de s'aventurer sur les voies trop peu connues de la psychologie spirituelle. Je le dédie à tous ceux qui croient intuitivement en l'existence d'une philosophie éternelle et qui sentent en eux le jeu d'une psychologie non moins éternelle.

PREMIÈRE PARTIE

Spiritualité de la psychologie

1.

Peut-on guérir une normose ?

La notion de normalité en Orient et en Occident

PEUT-ON être normalement malade ou normal à en être malade? Qu'est-ce que la névrose normale, ou « normose »? Existe-t-il des êtres qui se sont approchés d'une sorte de perfection psychologique? Dans ce cas, vouloir les évaluer selon les normes de la moyenne, n'est-ce pas vouloir les juger selon « la raison du plus fou »? Dire que de tels êtres existent, n'est-ce pas céder à un délire compensatoire? Au contraire, dire qu'ils n'existent pas, n'est-ce pas céder à la dépression d'épuisement d'une société fatiguée à force de consommer?

Dans la classification américaine des maladies mentales (DSM III), qui se veut exhaustive, on a numéroté tous les troubles psychiques, sauf la « normose ». Pourtant, cela me semble un trouble fort répandu, et dont il n'est pas inutile de parler; j'aurais même tendance à lui donner le premier numéro de la classification, 1000a... La différence de fond entre la psychologie traditionnelle, actuellement surtout vivace en Orient, et la psychologie moderne est que cette dernière se base sur la pathologie et se fixe pour but un retour à la normalité, c'est-à-dire, en pratique, rentrer dans la moyenne; la psychologie traditionnelle, elle, est fondée sur une idée évolutive de l'être humain menant à l'être parfait qui porte différents noms selons les traditions : *Al insan al kamil* dans le soufisme, *jîvan mukta* (libéré vivant) dans l'hindouisme, *pratyeka-buddha, arhat, bodhisattva* dans le bouddhisme, le saint dans le christianisme, le *tsaddik* dans le judaïsme. Cette différence n'est pas seulement pour le principe, elle a d'importantes conséquences pratiques; nous en verrons certaines au fil de cet ouvrage.

Mon hypothèse de départ est de dire qu'il y a au moins autant de différences entre le sujet pathologique et le sujet normal qu'entre le sujet normal et l'« homme parfait » tel qu'il est défini dans les diverses traditions. L'idée n'est pas nouvelle; l'adage de saint Paul, « La sagesse des hommes est folie devant Dieu » *(I Cor. 3-19),* a inspiré des générations de chrétiens et les a aidés à se libérer des normes par trop contraignantes de la société où ils vivaient, qu'elle ait été juive, romaine, médiévale ou moderne.

Les psychothérapeutes ont facilement tendance à voir dans les diverses voies spirituelles une sorte de délire culturel pour pays sous-développés, qui ne saurait résister aux progrès de l'industrie lourde, de l'électrification des villages, de la télévision et des armes automatiques... Les faits récents, dont on peut penser ce que l'on veut par ailleurs, ne semblent pas aller dans ce sens : libéralisation des pays de l'Est, efflorescence de nouvelles religions en Amérique du Nord, réveil de l'islam, hindouisation de la politique indienne. Si l'on accepte de sortir de l'ethnocentrisme de la psychologie occidentale, on s'aperçoit que pour la psychologie traditionnelle tout le monde est dans la souffrance, un peu plus ou un peu moins selon les cas. Seul le « libéré vivant » en est exempt.

On peut donc parler, vu sous cet angle, de « psychopathologie de la vie quotidienne » à propos de sujets dits normaux. Mais il ne s'agit pas seulement d'interpréter, comme Freud l'a fait, quelques petits signes, que ce soient des lapsus ou des actes manqués, comme révélateurs de conflits sous-jacents. Il s'agit de montrer que la vie quotidienne est considérée, du point de vue d'un Yogi avancé par exemple, comme globalement pathologique; on me demandera s'il existe de tels Yogis ailleurs que dans les descriptions mythiques des textes anciens ou dans l'imagination des idéalistes. Ma réponse, après cinq ans de travail sur le terrain, est « oui ». J'en ai rencontré un certain nombre; certes il fallait vouloir les trouver, on ne les rencontre pas au coin de la rue ou au *Tourist Lodge*... Tout me laisse supposer qu'il y en a beaucoup d'autres qui font leur travail avec leurs disciples, tranquillement chez eux et qui ne seront sans doute jamais connus du monde. De tels êtres existent probablement aussi en Occident, mais de manière encore plus cachée, car le terrain n'est pas si favorable : la société matérialiste, les institutions psychothérapiques normatives avec leurs clients, les Églises avec leurs fidèles, tout cela ne crée pas réellement un climat de tolérance et d'encouragement envers ceux que l'on pourrait globalement appeler les « mystiques indépendants ». De plus, l'absence de tradition transmise de maître à disciple fait que ces mystiques occidentaux ont moins confiance en eux-mêmes qu'ils ne l'auraient en Orient.

La schizophrénie de la vie quotidienne

Une des caractéristiques de la schizophrénie est un trouble du cours de la pensée qu'on appelle « diffluence ». Au lieu de suivre une idée, la pensée se déplace de proche en proche comme dans l'état de rêve, avec de temps en temps des blocages que l'on nomme « barrages ». Le Yoga estime que ce fonctionnement est de la nature du mental même chez l'homme ordinaire et le but de la pratique est de développer une capacité de concentration de plus en plus complète *(ekâgrata, dhâranâ* et *dhyâna)* pour contrebalancer la dispersion. Cette tendance du mental à faire constamment des associations, la plupart du temps peu intéressantes, est due à un état de subexcitation permanente qui évoque l'hypomanie dont nous parlerons plus loin.

En début de schizophrénie, les patients dorment peu et passent des heures sur leur lit à rêvasser (clinophilie). Ils sont dans un état de rêve éveillé. Par rapport au Yogi, l'homme ordinaire est aussi dans un état de rêve éveillé. Comme le rêveur, il est complètement impliqué dans ses émotions sans en avoir vraiment conscience, l'évolution de ses désirs et de ses actions étant plus déterminée par les automatismes instinctuels et les conditionnements affectifs que par une ligne directrice consciemment choisie. Il y a autant de distance entre l'état de rêve et l'état de veille ordinaire qu'entre ce dernier et l'état absolu, l'état d'Éveil. D'où, soit dit en passant, la difficulté de l'Éveil véritable et des méthodes pour s'y préparer. En rêvant qu'on s'éveille, est-on sûr de réellement sortir du rêve?

Pour organiser ces idées, on peut distinguer cinq niveaux, cinq types différents du cours de la pensée par ordre de diffluence décroissante; cette classification correspond à celle des troubles psychiatriques d'après les niveaux de destructuration de la conscience proposée par Henri Ey, mais en y incluant en plus les méthodes thérapeutiques et la méditation :

1) L'état de rêve, avec associations complètement libres d'interférences conscientes, c'est-à-dire complètement dépendantes des mécanismes de l'inconscient.

2) L'état de clinophilie du schizoïde sur son lit, dix heures par jour, qui glisse progressivement vers l'état de délire.

3) L'état du sujet ordinaire, concentré quand il est devant un micro-ordinateur ou qu'il compte son argent, diffluent lorsqu'il n'a rien de spécial à faire.

4) L'état de thérapie, surtout dans la relaxation, la psychanalyse ou le rêve éveillé qui se pratiquent en position allongée, où la diffluence est en quelque sorte recentrée par la présence même du thérapeute, ainsi que par ses paroles.

5) L'état de méditation, où l'on prend un fil conducteur : simple formule répétitive, observation du souffle, de la posture juste; on « regarde » ce fil conducteur en vision focale, et l'on « voit » en même temps le mental en vision périphérique. Le grand avantage de ce genre de méthode est que les phénomènes mentaux sont aperçus dans leur état naturel et n'ont pas tendance à prendre plus d'importance qu'ils n'en ont en réalité,

comme cela arrive souvent en thérapie où l'on se focalise sur les problèmes en tant que tels. Le mental est en effet une substance très particulière, qui « gonfle » automatiquement dès qu'on la regarde un peu longtemps.

Une autre caractéristique du schizophrène est qu'il n'habite pas son corps, qu'il va parfois jusqu'à le ressentir comme mort, anesthésié, pétrifié. A son niveau, le sujet ordinaire s'aperçoit, lorsqu'il entame n'importe quel travail corporel, qu'il a un grand nombre de zones mortes, insensibles, inconscientes et que son « corps vécu » est loin d'être vécu en totalité. Le hatha-yoga, la méditation représentent un constant retour au corps. Comme l'enfant, le sage est très proche de son corps.

Les affects du schizophrène sont gouvernés par l'ambivalence, passant rapidement d'un extrême à l'autre, de l'amour à la haine, de la fusion à la colère. Ses émotions changent aussi vite que celles de l'enfant, mais avec malheureusement en plus une toile de fond d'amertume et de destructivité marquée. Si l'on observe attentivement, ne serait-ce que pendant une courte période, son propre mental dans la vie quotidienne, on s'aperçoit que l'on retrouve ces mêmes variations brusques d'affect, ces mêmes revirements constants. Simplement, le conditionnement éducatif et la vie en société nous amènent à atténuer les « angles aigus » et à tout recouvrir d'un vernis d'équanimité plus ou moins dépressive. L'évolution extérieure des émotions est comme une sinusoïde proche de la ligne moyenne, mais l'intérieur est tout différent, ressemblant plutôt à une ligne en dents de scie. Là encore, la méditation agit directement sur ces variations élémentaires de l'humeur : d'abord on en prend conscience, ensuite on s'en désidentifie, enfin on les calme complètement, ce qui n'empêche pas les émotions nécessaires aux relations courantes de jouer à la surface de l'être, en reflet des émotions de l'environnement : de même, une bille de verre transparent a momentanément la couleur des surfaces sur lesquelles elle roule.

L'hypomanie du consommateur, défense contre la dépression existentielle

Les frustrations de la vie, qui se terminent par cette grande frustration qui nous prive de la vie elle-même, c'est-à-dire la mort, mènent à la dépression si l'on n'est pas capable de faire son « travail de deuil », si l'on ne peut lâcher prise. Mais pour faire son travail de deuil, il faut voir ses frustrations en face, ce que personne ne trouve particulièrement agréable. On préfère couvrir le deuil, s'en défendre par une subexcitation (hypomanie) permanente, une avidité de consommation, qu'elle soit matérielle, affective, de loisir ou même intellectuelle ou culturelle. Ce genre d'activisme est aussi peu efficace pour soulager la souffrance réelle que ne l'étaient les roulements de tambour qui couvraient les cris des patients chez les arracheurs de dents...

D'un point de vue médical, on a constaté que les gens qui vivaient constamment avec la radio ou la télévision allumée s'habituaient à un taux d'adrénaline (l'hormone du stress) élevé et qu'ils étaient déprimés quand ils se retrouvaient dans le silence. De manière globale, l'homme a besoin du bruit de l'excitation hypomaniaque pour couvrir sa dépression existentielle. Comme, dans le système psychologique actuel en Occident, l'on n'a guère de méthode pour parer à la dépression existentielle, on se contente de maquiller la réalité et de qualifier l'hypomanie chronique de « vie normale ». La première vérité énoncée par le Bouddha est : « Il y a la souffrance »; c'est aussi le point de départ de la plupart des philosophies indiennes. Au début, j'ai pensé que c'était un truisme, puis j'ai réalisé qu'il était de fait important de commencer par là : le mental a tant de méthodes, de ruses pour ne pas voir la souffrance, pour fuir ce dont il a peur, qu'il est nécessaire de l'y ramener. Sur ce point, les psychologies d'Orient et d'Occident sont d'accord. D'abord voir la souffrance, pour avoir une chance de la guérir vraiment. Il n'y a pas lieu de suivre la « politique de l'autruche ».

On reproche parfois à l'Inde d'être une culture dépressive, à cause de l'importance qu'elle attache au renoncement. Mais pour un Yogi, c'est plutôt la culture occidentale sous la forme de sa psychologie qui a un fond dépressif. Freud compare le Moi à l'anneau de Magdeburg, avec un centre vide autour duquel les forces de l'inconscient s'équilibrent, comme les chevaux qui essaient de tirer l'anneau chacun dans leur sens. Janov dit que le noyau de l'Être est souffrance, ce qui n'est pas une vision particulièrement réjouissante. Même si les bouddhistes parlent de vacuité, ce n'est pas un néant, puisque cette vacuité est associée intimement à la Claire Lumière, à la Félicité et à la Compassion. Dans l'hindouisme, la substance de l'univers et de l'individu est *satchitânanda,* « Être-Conscience-Bonheur ». Pour un débutant, cela ne fait pas beaucoup de différence, mais pour quelqu'un qui pratique à long terme, il y a un fossé qui s'agrandit entre les deux orientations au fur et à mesure qu'il progresse, et la déception ou le bonheur qui est en toile de fond des méthodes respectives devient de plus en plus palpable.

A propos de cette différence de perspective, une histoire Zen me semble significative. Un moine vient voir un maître célèbre et lui dit : « Je suis sujet à la colère, comment dépasser cela? » Le Maître réplique : « Montre-moi la colère tout de suite! »; le moine reste interloqué. « Si tu ne peux me montrer la colère tout de suite, ajoute le maître, c'est qu'elle n'est pas ta vraie nature. » Pour un débutant, cette histoire ne signifie pas grand-chose. Mais pour quelqu'un qui médite de manière soutenue, passer d'une obsession à propos de la colère à une méditation sur sa vraie nature est un changement d'orientation fondamental.

Qu'est-ce que le vrai « travail de deuil »? C'est une compréhension claire que la frustration ressentie par la perte d'un objet extérieur n'a pas lieu d'être. Le bonheur est ressenti à chaque fois à l'intérieur, ce n'est que par habitude qu'il est faussement associé à des objets extérieurs, association qui mène à des complications sans nombre. Une fois que cela a été compris, le lâcher-prise vient de lui-même, souvent sans effort; évidemment, il y a parfois une accoutumance à vaincre, comme pour le tabac par exemple. On peut prendre conscience intellectuellement que quelque chose ne vous fait pas de bien et pourtant devoir faire un certain effort pour le laisser tomber. Mais le point crucial, c'est déjà d'avoir une compréhension claire.

Le Yoga cherche à faire le silence du mental. Si l'on peut calmer, « débrancher » réellement ce dernier à volonté, on résout la notion même de deuil, puisque le passé ne revient plus à la charge. On peut penser que le processus consistant à faire taire son mental est ennuyeux et inutile. La notion de « silence du mental » peut éveiller une peur de la mort, ou de folie comme la catatonie (type de schizophrénie où le mental est « gelé », où le corps est figé, où plus rien ne bouge pendant des semaines). Mais pourtant, les gens qui n'ont jamais entendu parler du Yoga peuvent comprendre immédiatement l'intérêt de ce silence, telle cette Occidentale qui était venue voir pour la première fois un Yogi que je connais et qui lui a demandé : « A quoi pensez-vous toute la journée? » Le Yogi a juste répondu : « Bonne question; justement, j'essaie de ne pas penser. » La dame s'est exclamée tout de suite : « Si j'avais su faire cela quand j'ai perdu mon mari! »

Le rationalisme occidental repose sur le postulat de Descartes : « Je pense, donc je suis. » Mais pour le Yogi, cela ne tient pas debout, c'est contradictoire dès le départ. Il sent très bien que c'est justement lorsqu'il ne pense pas qu'il expérimente l'être le plus plein et le plus pur, sans adjonction aucune, sans rien de surajouté : il est ce qu'il est, et rien de plus. C'est dans ce sens que Ramana Maharshi pouvait dire : « Penser n'est pas la véritable nature de l'homme. » C'est une fonction, comme les fonctions naturelles du corps, qui a son utilité à son niveau. D'ailleurs, quand on s'observe bien, on s'aperçoit que la pensée est souvent automatique, qu'elle fonctionne pour elle-même sans but précis, que l'on « pense sans y penser » si l'on peut dire.

Paranoïa animale et paranoïa humaine

On a longtemps discuté, en particulier dans l'école de Lacan, pour connaître les limites entre personnalité et délire paranoïaque, mais pour moi, toute personnalité est paranoïaque, et même l'animal, qui ne semble pas avoir de personnalité, est aussi paranoïaque. La base de la paranoïa est biologique : c'est l'instinct de conservation. L'extérieur est perçu a priori comme hostile; l'animal isolé dans la nature sursaute au moindre bruit inhabituel. Il faut être un sage comme Ramana Maharshi pour maîtriser complètement cette paranoïa animale : un jour qu'il se reposait étendu dans sa grotte, un de ses compagnons entre et voit un serpent étendu sur sa poitrine et qui finit par s'en aller. « N'as-tu pas senti le serpent sur toi? qu'est-ce que ça t'a fait? » demande-t-il au Maharshi. « C'était froid » fut la seule réponse.

Mais l'homme moderne d'Occident a largement exagéré cette projection de la peur vers l'extérieur. La culture de la Bible, on doit le dire, favorise cette tendance paranoïaque. Les juifs ont formé, depuis Abraham, un petit groupe qui luttait pour la survie entre de puissants voisins. Les Psaumes, les prophètes, Jérémie et ses Lamentations sont pénétrés d'un sentiment diffus ou explicite de persécution. Ce sentiment est passé dans l'Église : le Christ, les apôtres ont été mis à mort, leurs successeurs ont été poursuivis et l'institution, une fois au pouvoir, a commencé à persécuter les hérétiques selon la triste logique du persécuté persécuteur. Le Coran, fidèle à la tradition biblique, abonde lui aussi en idées de persécution curieusement mélangées à de sublimes vérités mystiques. Toutes les religions ont des points faibles; la tendance paranoïaque en est un pour les religions du Livre.

Tout cela semble bien étrange pour des hindous qui ont toujours été majoritaires chez eux. En Inde, on rencontre assez souvent des gens capables de parler de leur expérience spirituelle directement, sans projeter de manière paranoïaque leurs tensions internes en discutant sur ce que devrait être le système religieux, comment l'on devrait le changer, etc. Quand je reviens en France, je trouve que le discours de bien des gens qui se disent religieux est, en fait, étrangement politique – au sens large du terme. Ils oblitèrent leur expérience intérieure pour exister uniquement en fonction du collectif et raconter ce qu'ils feraient s'ils étaient le pape, ce qui évidemment ne change pas grand-chose à la réalité du monde. Cette curieuse maladie qui consiste en une projection constante des peurs et désirs intimes à l'extérieur est évidemment entretenue, voire augmentée par les médias. Les gens s'excusent en disant qu'ils veulent être solidaires mais quand on y regarde de près on s'aperçoit qu'ils ne bougent pas de leur fauteuil, qu'ils ne font rien, qu'ils ne donnent même pas un centime souvent. Au maximum, ils en parlent... et en pratique, ils ont fui une fois de plus devant leur réalité intérieure.

Hystérie et besoin d'attention

L'anaclitisme est un symptôme de base de l'hystérie; c'est le besoin irrépressible d'être avec un autre, quelles que soient les complications que cela puisse entraîner. Cet attachement, ce besoin d'attention est naturel chez les enfants, il favorise un développement équilibré. Chez les adultes, il perdure en prenant des formes multiples et variées. En Inde, la demande d'attention est moins culpabilisée qu'en Occident. Cette demande, pour ceux qui suivent la voie spirituelle, est concentrée sur le gourou au lieu d'être dispersée sur plusieurs personnes à la fois. On peut, à la limite, prendre la comparaison d'une drogue dure. Si les divers attachements sont comme des drogues, l'attachement au gourou est ce médicament qui ressemble à la drogue sans en avoir les effets secondaires, ni donner lieu à une dépendance. Ainsi, on peut se désintoxiquer. Dès le début, le disciple considère son gourou non pas comme une personne, mais comme une « puissante impersonnalité » pour reprendre le titre significatif d'un ouvrage en anglais sur Ramana Maharshi.

Un autre signe caractéristique de l'hystérie est le théâtralisme. Le sujet joue un rôle, et en plus, il y croit, ce n'est pas un menteur; il est plutôt pris à son propre jeu. Vu sous cet angle aussi, l'homme ordinaire est hystérique aux yeux du Yogi, qui insiste sur le fait que le monde est une scène de théâtre et que nous ne devons pas nous identifier aux rôles que la société ou la famille nous font jouer. Nous devons garder la conscience du fait que nous ne sommes qu'acteurs, que ce soit sous l'habit du roi ou du mendiant. Intérieurement, celui qui suit une voie spirituelle n'a pas à se soucier d'être comme les autres, de rester dans la norme des statistiques psychologiques. Il est guéri complètement de cette suggestibilité hystéroïde qui afflige l'homme ordinaire et qui le pousse à faire et être comme tout le monde. Témoin cette histoire du Moyen-Orient : « Des gens du monde viennent voir un soufi et lui demandent : " Pourquoi n'es-tu pas comme nous? ", ce à quoi le soufi répond : " Je suis bien content de ne pas être comme vous, et de plus en plus je prie Dieu de devenir de moins en moins comme vous! " »

L'hystérique a une tendance prononcée à manipuler les autres mais au fond, dès qu'il y a relation affective, il y a tendance à la manipulation réciproque. Il n'y a guère que le sage ayant atteint l'état suprême, que certaines écoles hindoues appellent *kaivalya* (solitude), qui puisse prétendre être au-delà de toute manipulation affective. La tendance orale est aussi présente chez tous, bien que plus marquée chez l'hystérique. Les disciplines traditionnelles habituelles amènent à réduire cette tendance orale, donc à « griller » les germes d'hystérie de l'homme ordinaire afin qu'ils ne puissent plus se développer.

On parle souvent dans l'hystérie d'une érotisation du corps qui forme la toile de fond des crises théâtrales et des conversions somatiques. En fait, tout le monde a un corps érotisé, la différence entre les gens n'est qu'une question de degré. Tant que ce corps trouve ce qu'il cherche, il n'y a guère de problème. Mais quand la souffrance ou la frustration arrivent, il y a désarroi, le mal se met à occuper tout le champ de conscience. Si le Yoga conseille la désidentification du corps, c'est pour éviter ce genre de problème, c'est pour que l'esprit ne soit pas limité en cas de souffrance petite ou grande. Un Yogi m'a raconté qu'à un moment donné, il avait eu des dents déminéralisées. Il avait dû s'en faire arracher vingt-quatre, l'une après l'autre, à quelques jours d'intervalle, sans anesthésie. Les premiers jours, il a eu mal, mais après il a pu voir sa douleur comme quelque chose d'extérieur à lui-même, en faisant le vide dans son mental, en évitant de rajouter quoi que ce soit à la douleur physique qui, de ce fait, restait minime.

Rigidité obsessionnelle et sentiment du moi

La tradition indienne remet en question la réalité du Moi, et ce dès le début de la pratique dans le bouddhisme et le Yoga de la Connaissance *(Jñana);* tant qu'il reste une identification de la conscience à l'ego, il reste une rigidité, une défense contre l'expérience de l'absolu. Si la plupart des gens, y compris et surtout les psychothérapeutes occidentaux, se défendent contre cette notion de désidentification de l'ego, de possibilité d'une existence sans ego, c'est pour tenter de refouler, voire d'annuler l'angoisse de morcellement schizophrénique et, de manière encore plus fondamentale, l'angoisse de mort. La pratique traditionnelle amène à faire face à ces peurs et à aller au-delà.

Évidemment, les thérapeutes pensent aux cas de dissolution de l'ego « sauvages », trop précoces chez des patients qui n'ont guère de connaissance ni de maîtrise de leur mental. Ce n'est pas un problème pour le sage de reprendre un ego dans ces circonstances de la vie quotidienne qui le nécessitent et de l'abandonner à nouveau juste après, de le « mettre au portemanteau » comme un vêtement dont on ne se sert que pour aller dehors. La tendance à la rigidité obsessionnelle est certainement plus prononcée chez l'Occidental de nos jours. On peut mentionner, entre autres causes de ce fait, l'éducation anale précoce, la compétitivité dès la petite école, l'insistance donnée à la pensée analytique, classificatoire et rigide par rapport à la pensée imaginaire, la valorisation de l'affirmation du moi dans le groupe... Dans ce contexte, la psychanalyse ou les méditations d'observation des phénomènes intérieurs peuvent apporter une relaxation, une détente bien nécessaires *.

Un Yogi verra aussi le pathologique dans une situation non seulement considérée comme normale, mais même comme curative en Occident : la relation psychothérapique, qui trop souvent dévie vers une relation de type voyeur-exhibitionniste : le patient fait son « strip-tease psychologique », le thérapeute se « rince l'œil » de l'imaginaire, en même temps que les oreilles; les deux sont contents et en plus il y a de l'argent qui circule; chacun y trouve son plaisir, donc le système continue... mais cela ne veut pas dire que la relation soit saine pour autant, ni évolutive ni libératoire. Il y a des raisons saines pour faire une psychothérapie, d'autres qui le sont moins. Parmi ces dernières, la déviation de type voyeuriste-exhibitionniste me semble beaucoup plus répandue qu'on ne le dit, et même qu'on ne le pense. Il m'a fallu plusieurs années en Inde avec les Yogis pour réaliser ce fait, et constater qu'ils avaient avec leurs disciples une pudeur psychologique qui ne

* Dans l'existence du « normosé », des séries de comportements identiques se répètent alors que les circonstances changent. C'est ce que l'on appelle la compulsion de répétition, qui atteint son maximum dans la névrose obsessionnelle. Le nom est récent, mais le phénomène est connu de longue date; le Psalmiste n'y fait-il pas allusion quand il dit : « *In circuitu impii ambulant* les impies tournent en rond » *(Ps 11-9,* version de la *Vulgate)?*

retirait rien à leur efficacité à long terme. Évidemment, je sais que la relation thérapeutique occidentale est née en réaction à un milieu social et familial puritain, où il ne fallait surtout pas parler de ce à quoi tout le monde pensait. Mais actuellement, certains thérapeutes tombent dans l'excès inverse. Je sais aussi qu'il y a la question de niveau : niveau de la demande du patient, niveau de ce que le thérapeute peut donner. Le patient demande souvent à être aidé pas à pas, comme un accidenté auquel on réapprend à marcher. Mais je veux juste suggérer que la relation thérapeutique n'est parfois pas si normale qu'il y paraît.

Pour en finir avec la normalité

La véritable maladie du normosé, c'est son absence de désir d'évoluer. La première fonction d'un maître spirituel est de réveiller et renforcer ce désir; dans ce sens, Jésus disait : « J'ai à manger un aliment que vous ne connaissez pas » *(Jn IV, 32)*. Si l'on recherche une normalité parfaite d'après des critères purement psychologiques, on risque fort de rentrer dans un jeu indéfini de va-et-vient entre des paires d'opposés : on est étiqueté trop expansif, hystérique, puis on devient trop renfermé, obsessionnel. Si l'on n'est pas paranoïaque-agressif, on se retrouve distant-schizoïde, etc.; on ne peut sortir de ces couples de contraires; c'est pour cela qu'il y a une sagesse dans les méthodes orientales qui visent à calmer directement le mental, à arrêter ce va-et-vient incessant et à « aller au-delà des paires d'opposés » *(dvandatita)*.

Même à court terme, il y a des cas où la psychothérapie ne sert pas à grand-chose, par exemple quand un individu est confronté brutalement à sa destinée : telle cette femme seule, d'une cinquantaine d'années, dont le fils aîné s'est mis à délirer et s'est pendu. Elle s'est tournée vers la religion et le service des autres, et je pense que cela l'aidera plus qu'une psychothérapie qui ne ferait que remuer une culpabilité énorme, et finalement pour rien. Un autre exemple me revient en mémoire. Une infirmière psychiatrique du service où je travaillais devait avoir, à la suite d'une maladie grave, une greffe cœur-poumons, c'est-à-dire une opération très risquée. Elle a reçu à l'hôpital, avant l'intervention, la visite des « psy » en tout genre du service, y compris moi-même. Mais elle m'a confié, après s'en être sortie vivante, que celui qui l'avait le plus aidée était encore l'aumônier de l'hôpital qui était venu lui dire quelques mots. Le plus curieux, c'est qu'elle ne croyait en rien de religieux; peut-être y a-t-il des moments où l'on se trouve en face d'un mur, où l'on n'a plus de temps pour des bricolages psychologiques, où il faut passer à une autre dimension.

Il serait bon que les thérapeutes se remettent de temps en temps en question. Je ne parle pas des groupes de thérapeutes ou des entrevues avec un superviseur qui sont surtout destinés à peaufiner des détails techniques entre gens qui ont le même type de fonctionnement et sont d'accord d'avance. Je parle d'une remise en question plus fondamentale, seul, face à soi-même : « Quelle est cette normalité que je propose comme idéal à mes patients et que peut-être je me propose à moi-même? Pour ma part, est-ce que je fais quelque chose pour évoluer? Est-ce bon d'employer les mêmes méthodes d'évolution pour moi et pour mes patients qui sont très perturbés au départ? » Il pourra ainsi mieux mesurer la distance entre norme moyenne et norme idéale et aller, dans la pratique qu'il fait sur lui-même, de cette norme moyenne qu'il est censé avoir en tant que thérapeute à la norme idéale vers laquelle tout le monde est censé se diriger d'après la psychologie traditionnelle. Même si cette réflexion ne change pas fondamentalement ses techniques thérapeutiques, elle changera leur éclairage, leur perspective en leur donnant une ouverture, et c'est déjà beaucoup.

2.

Dépression et spiritualité

Du vide existentiel à la vacuité libératrice

DANS ce chapitre, nous chercherons à la fois à rapprocher et à différencier le vide existentiel, douloureux du dépressif et la vacuité libératrice, lumineuse du mystique. Dans les deux cas, il s'agit plus d'expériences vécues que de concepts philosophiques. Y a-t-il un point de passage, une passerelle entre ces deux états qui permettent de donner à certaines dépressions la dimension d'une initiation, d'une entrée dans le chemin spirituel?

Schématiquement, on peut dire que le domaine de la psychologie concerne la description des différents types de dépression et leur traitement en phase aiguë. Par contre, une spiritualité bien comprise me semble plus efficace lorsqu'il s'agit de prévenir les déséquilibres de vie menant à la dépression ou lorsqu'il s'agit d'accompagner un dépressif à long terme. Il ne m'a pas toujours été possible de dire si mes réflexions étaient surtout valables pour le patient, ou bien pour le thérapeute, ou bien pour le lecteur ordinaire. Elles s'adressent à qui est ouvert pour les entendre, que ce soient ceux qui cherchent à comprendre la dépression pour eux-mêmes, leur entourage ou leurs patients. Je souhaite en particulier qu'elles inspirent ceux qui ont la tâche dure, difficile et belle d'accompagner les mourants.

Les descriptions psychologiques de la dépression et leurs limites

Il y a deux grands types de dépressions : les dépressions psychogènes, d'origine purement psychique, et les dépressions endogènes qui ont une base constitutionnelle le plus souvent héréditaire : c'est la maladie maniaco-dépressive avec alternance d'excitation et de dépression. Elle semble due à un déficit enzymatique gênant les échanges de sodium à travers la paroi de la cellule nerveuse. En théorie, il n'y a rien d'autre à faire pour les patients atteints de ce trouble que de se soigner en prenant du lithium et d'accepter leur destinée. En pratique cependant, comme les crises ont souvent des facteurs déclenchants d'origine psychologique, un traitement qui passe par l'esprit n'est pas complètement exclu. Je connais personnellement un cas de psychose maniaco-dépressive qui a été nettement amélioré par la méditation : par cette dernière, le méditant cherche à aller systématiquement au-delà des paires d'opposés (plaisir-douleur, fatigue-excitation, etc.) et améliore donc les variations de l'humeur.

Parmi les dépressions psychogènes, on peut distinguer deux grands types : la dépression anaclitique du sujet jeune, typiquement la jeune fille qui a rompu avec son petit ami et qui fait une tentative de suicide qu'elle a le bon goût de rater, et la dépression existentielle du sujet âgé qui, en général, s'il en arrive à commettre le suicide, ne se rate pas. On parle aussi de dépression d'épuisement due à une accumulation de stress non résolus. Fondamentalement, il me semble que toutes les dépressions sont d'épuisement : même si le stress n'est pas apparent, il est présent sous forme de conflits intra-psychiques qui représentent une perte d'énergie continue.

Un bon critère de santé psychique est l'adaptabilité au changement. On peut envisager, comme Erik Erikson le fait, la croissance de l'individu comme une succession de crises. Si on réussit à les passer, on développe une qualité correspondante propre à chaque stade : confiance fondamentale pour le nourrisson qui accepte bien son sevrage, autonomie pour le petit enfant, envie d'apprendre pour le grand enfant, identité pour l'adolescent, intimité pour l'adulte jeune et intégrité pour l'adulte mûr. Il est intéressant de voir qu'Erikson ne parle pas du vieillard. Les questions existentielles que ce dernier se pose face à la mort dépassent sans doute ses conceptions psychologiques. Par la pratique spirituelle, on resitue les « petites » crises énumérées ci-dessus dans le cadre de deux grandes crises, la naissance et la mort. Cela donne de l'amplitude, de la profondeur au psychisme et permet de relativiser ces crises que j'ai appelées « petites » même si elles paraissent énormes à celui qui est dedans.

Les psychothérapies que l'on pourrait appeler « pragmatiques » répondent en apparence à la demande moyenne des patients, mais elles ont un modèle de l'être humain pauvre : elles le considèrent comme une sorte de machine qui doit fonctionner sans anicroche, de la naissance à la mort, selon les critères établis par l'ordinateur de l'Institut de statistiques sociopsychologiques... C'est bien gentil, mais c'est une vision plate et aplatissante des possibilités humaines : l'homme est un « roseau pensant » et non pas seulement un « roseau fonctionnant ». Il est facile de dire que le patient n'a pas de demande pour plus que ce qu'on lui propose; mais s'il avait une demande, est-ce que le thérapeute aurait une réponse, et une réponse qui ne soit pas intellectuelle mais vécue?

On peut estimer qu'aider un individu psychologiquement, c'est l'aider à accepter, à « métaboliser » les frustrations et les deuils petits ou grands qui émaillent l'existence. En face d'une frustration ou d'un deuil au sens large, il y a trois évolutions possibles : l'évolution descendante, c'est-à-dire s'enfoncer dans la dépression et les regrets; l'évolution circulaire, où l'on cherche un nouvel objet pour remplacer l'ancien, une nouvelle paire de béquilles pour remplacer celles qu'on a perdues; c'est ce qu'essaient de faire les gens spontanément, et c'est ce que conseillent la plupart des psychologues; il est vrai que c'est une réaction de meilleure qualité que la dépression pure et simple. La troisième évolution est l'évolution ascendante : on accepte le deuil en tant que tel et l'on voit le vide qu'il crée comme une fenêtre qui s'ouvre vers l'absolu. On ne cherche plus de « bouche-trou » et l'on transforme la béance noire de la dépression en vacuité lumineuse de libération. Par libération, j'entends libération d'une dépendance, si petite soit-elle. En ce sens, le meilleur aiguillon pour trouver le bonheur au-dedans de soi-même est le sentiment de frustration, c'est une épine incitative qui fait sans cesse évoluer.

Si le psychologue a une vision purement pragmatique des choses, c'est-à-dire s'il se contente de remplacer une évolution descendante par une évolution circulaire, il refoule le besoin spirituel. Ce dernier ressort à un autre moment, c'est le « retour du refoulé » sous forme parfois sauvage ou médiocre : entrée dans une secte aux croyances bizarres, ou intérêt passionné pour un occultisme bon marché. La vogue de ce genre d'occultisme en ex-Union soviétique actuellement peut être une bonne illustration du retour désordonné du spirituel refoulé après un demi-siècle de psychologie aplatissante. Pas plus que le thérapeute, le maître spirituel ne peut résoudre les questions existentielles à la place de son patient ou disciple. Cependant, il peut lui indiquer des méthodes de travail intérieur; il représente également, pour un disciple qui faiblit, une lumière au bout du tunnel.

Plutôt que de parler de « travail de deuil », je préfère parler de lâcher prise, de décrispation ou de libération. Une fois qu'un attachement est emporté par le flot de la vie et de la mort, on peut le considérer comme un sac de pierres qu'on portait sur ses épaules et qui est tombé de lui-même. C'est un soulagement. Plutôt que de parler de « pulsion de mort », je préfère parler de « déviation de la pulsion de vie ». Établir une dualité pulsion de mort-pulsion de vie est en fait une vieille tentation : elle était ressortie dans les premiers siècles de notre ère avec Manès et certaines formes de gnose; elle est reparue en notre siècle avec Freud. Cependant, les traditions spirituelles dans leur ensemble évitent de tomber dans ce dualisme facile; bien qu'il semble correspondre à certaines apparences, il représente en réalité un obstacle à l'évolution intérieure. On n'est pas obligé de se laisser piéger par des catégories issues du mental d'un Freud vieillissant et peut-être bien déprimé, surtout après l'opération de son cancer à la fin des années vingt.

Le vocabulaire « psy » courant est rempli de suggestions négatives *. Même si le thérapeute a le bon sens de ne pas parler trop de psychopathologie au patient, il ne peut s'empêcher de comprendre ce dernier en termes de pathologie, puisque c'est sa formation; cela représente en soi une prise de parti qui influence le client. Par contre, c'est le propre de très bons thérapeutes, ou de sages, de réussir à extraire quelques éléments positifs d'un tableau psychique désastreux et à les mettre en valeur, envers et contre tout, pour encourager le patient. Dans ce domaine flou et malléable qu'est le psychisme, un verre à moitié vide est réellement le contraire d'un verre à moitié plein. Les thérapeutes devraient surveiller leur langage, y compris dans ce qu'ils se disent à eux-mêmes à propos des patients. Sinon, même en étant de bonne volonté, ils risquent d'être nuisibles et de confirmer des patients qui sont « limites » dans une pathologie fixée.

Les soufis racontent une histoire montrant l'intérêt de savoir parfois enterrer certains problèmes contrairement à la méthode psychothérapique habituelle : « Un vieil homme riche avait épousé une femme jeune et belle. Au bout de quelques années de vie de couple sans problème, un des serviteurs du vieil homme vint le voir et lui dit :

" Je ne sais pas pourquoi mais plusieurs fois ta femme a refusé de me donner la clé du grand coffre qu'il y a dans la

* Il l'est même tellement que les thérapeutes ne s'en aperçoivent plus, et c'est bien là le problème.

chambre à coucher quand j'y allais pour faire du rangement. Je n'insinue rien, mais je voulais juste t'informer...! " Le vieil homme va voir sa femme; au lieu de répondre normalement à ses questions, cette dernière éclate en sanglots et dit : " Est-ce que tu crois les insinuations du serviteur? Tu oses penser que je cache un amant dans le grand coffre de la chambre? Si tu n'as pas confiance, va voir toi-même! " et elle lui met la clé du coffre entre les mains. Après mûre réflexion, le vieil homme va enterrer le coffre au fond du jardin avec l'aide de ses serviteurs. Depuis lors, il a toujours été en bons termes avec sa femme, et ils n'ont jamais reparlé de cette histoire » (d'après les *Contes derviches* d'Idries Shah, Éd. Le Courrier du Livre).

Si la psychologie occidentale a des limites face à la dépression, est-ce que la philosophie, par exemple l'existentialisme, peut aider à transcender ces limites? Pour être bref, je ne le pense pas : l'ambiance générale de l'existentialisme est trop dépressive en elle-même pour pouvoir aider réellement un dépressif. Tout au plus ce dernier pourra être un peu soulagé par la lecture en se sentant moins seul dans sa déréliction. L'avantage est qu'il sentira plus de confort dans sa dépression, mais l'inconvénient est qu'il s'y sentira conforté : il n'aura plus guère envie d'en sortir. Il ne faut pas oublier que Sartre a publié *L'Être et le Néant* en 1943 à une époque où un esprit matérialiste avait des raisons d'être pessimiste : en effet, la croyance rassurante en un progrès continu de l'humanité était sérieusement entamée par les événements. Le simple fait de démonter le fonctionnement de l'ego mène à un nihilisme de fait, si ce travail n'est pas accompagné par un sens aigu de l'Absolu sous-jacent. Peut-être que le philosophe existentialiste et le Bouddha se trouvent devant le même vide, mais le premier en a la nausée alors que le second en sourit : n'est-ce pas là une différence?

La dépression, éveil spirituel masqué?

« Heureux qui connaît l'épreuve, il est entré dans la vie », dit Jésus dans l'Évangile de Thomas *(logion 58)*. Quelle est la signification des symptômes de la dépression? Ne sont-ils pas une tentative maladroite de rééquilibrage? Ne peuvent-ils pas, repris dans une perspective correcte, mener le patient à s'améliorer, et même à entrer dans une démarche spirituelle dont il n'avait peut-être aucune idée auparavant? En ce sens, chaque symptôme n'a-t-il pas son génie propre? Prenons par exemple l'insomnie du matin, classique chez le dépressif, en particulier chez le mélancolique. On a essayé pendant longtemps d'étouffer ce symptôme sous les somnifères. Puis certains ont eu l'idée de laisser faire au dépressif ce qu'il voulait, c'est-à-dire se coucher très tôt et se lever très tôt. Cela suffit à grandement améliorer le trouble.

Considérons maintenant l'inhibition psychomotrice : on s'accorde pour dire que c'est le critère le plus sûr de dépression; le fait de ne plus bouger d'un pouce ne correspond-il pas à un besoin naturel de retraite, de rentrée en soi, de repos? N'est-ce pas un réflexe de défense sain de l'organisme devant le stress continu de la course à la consommation tous azimuts, course aussi aveugle qu'épuisante? Dans la société occidentale activiste, ce besoin de ne rien faire n'est guère reconnu. Si l'on n'a pas les moyens, ou si l'on n'a même plus le goût d'aller à la pêche ou à la plage, on tombe en dépression. L'inconvénient est que même si on y gagne une certaine reconnaissance sociale, on en est culpabilisé également. On veut se punir soi-même pour sa paresse et son inutilité; ce besoin de punition est réellement pathologique et anti-spirituel : ce n'est pas en s'auto-flagellant qu'on dominera son propre ego; on risque plutôt de le renforcer.

De même que la fleur a son rythme, s'ouvre et se ferme, de même que le corps a son rythme, s'endort et se réveille, de même le psychisme a son rythme aussi; naturellement, il alterne les phases d'intériorisation et d'extériorisation. Dans les dépressions dues à des conflits intra-psychiques, on peut considérer que le sujet est mal et insuffisamment intériorisé. Il n'arrive pas à rejoindre les zones profondes de son être en descendant en dessous des tempêtes de surface. Il doute même que ces zones existent : c'est sa maladie, et parfois même celle de son thérapeute... La société et souvent la famille demandent à l'individu de fonctionner constamment dans le réel extérieur; cependant, comme le disait Bachelard, « Un être privé de la fonction de l'irréel (en d'autres termes le réel intérieur) est aussi névrosé qu'un être privé de la fonction du réel [1] ».

La concentration du mélancolique en lui-même rejoint en un certain sens celle du sage, tout en lui étant complètement opposée : les extrêmes se touchent. Il se peut que le mélancolique, atteint d'une grande anxiété au début de sa crise, ait découvert qu'en étant complètement immobile, il peut obtenir une certaine paix de l'esprit et faire taire pour un moment son auto-agressivité énorme. Ce n'est pas à cause, mais en dépit de son immobilité que le mélancolique est anxieux; il fait ce travail de pacification intérieure trop tard et de manière trop superficielle.

Venons-en maintenant à l'idée de vide qui est le fil directeur de ce chapitre. Le déprimé grave sent que son corps est vide, que le monde extérieur est vide de sens, qu'il agit automatiquement. Pour lui, le vide paraît être un néant. Pour le méditant, la vacuité n'est pas un néant. C'est un réservoir de potentialités, en cela elle est très proche de la plénitude ou de l'absolu. La vacuité, c'est l'absence de forme : d'un point de vue corporel, cela correspond à une détente immobile. Le déprimé, par son anxiété, a un corps agité et plein de blocages. En se concentrant sur l'idée de vide immobile, il atténue ses blocages; mais comme il fait cela automatiquement sans s'apercevoir du mécanisme, le vide qu'il obtient reste encore chargé de culpabilité et d'anxiété. De plus, étant pris par ce travail intérieur qui s'opère, il en vient à laisser tomber le monde extérieur ce qui augmente encore sa culpabilité. Le méditant, lui, sait entrer et sortir du vide à loisir. Le sage peut continuer à voir le vide tout en agissant. Une idée fondamentale du bouddhisme mahâyâna est de « voir le vide dans la forme et la forme dans le vide ». En s'installant dans un état sans limites *(ananta),* il éprouve le bonheur sans objet *(ânanda).* La similarité des deux mots sanscrits correspond à la similarité des réalités.

Parfois, le cauchemar de chute dans le vide peut se transformer instantanément en rêve agréable de chute en vol plané. On tend alors à tomber indéfiniment sans jamais se faire mal. On peut proposer au patient ce petit truc d'imagination active. Pour lui, le seul fait de s'apercevoir qu'il peut changer dans le bon sens certaines de ses images mentales est un grand encouragement. « Tomber au fond du trou » donne un sens de la profondeur, ce qui est un bien à condition que l'on sorte de l'épreuve. Quand on est au fond du puits, tout ce que l'on voit, c'est le ciel; l'abîme reflète un bout d'azur, et la tribulation recèle une étincelle divine. Le Psalmiste ne dit-il pas : « Des profondeurs j'ai crié vers toi, Seigneur... »?

Le déprimé, comme le méditant, voit le vide des formes. Cependant, le premier s'y arrête alors que le second va vers l'absolu qu'il appelle le vide du vide et qu'il considère sous son aspect de lumière et de félicité. Le vide du méditant vient d'un effort de compréhension du fonctionnement de l'esprit, il n'est pas survenu automatiquement comme chez le déprimé. Shantideva, un maître bouddhiste, disait : « Si l'on n'a pas tout d'abord appréhendé le phénomène construit par l'esprit, sa non-existence ne peut être établie [2]. » L'erreur du déprimé n'est pas de rechercher le repos du vide, mais de le rechercher à l'exclusion de tout le reste. C'est de croire qu'il l'a trouvé alors qu'il a l'esprit encore envahi de ruminations morbides. Il perd de vue la vérité conventionnelle du monde, d'où sa souffrance. Nâgârjuna disait : « Le dharma enseigné par tous les Bouddhas est bien fondé sur deux vérités : la vérité conventionnelle du monde et la suprême et ultime Vérité [3]. »

Autant que possible, le déprimé devrait chercher à apprivoiser son sentiment de vide, à ne pas s'en culpabiliser : après tout, il peut y avoir une joyeuse affirmation d'indépendance à tout rejeter pour « faire le vide », comme le bébé rejette parfois tous ses jouets au loin et s'en amuse beaucoup. Le thérapeute, parfois même le patient, pourraient bénéficier d'une méditation sur le symbole du zéro : le zéro représente l'œuf cosmique d'où le monde est issu; en alchimie, il est inclus dans les symboles de pratiquement tous les éléments, il en est le dénominateur commun [4]. D'un point de vue mystique, le vide est espace de conscience. Jacob Boehme, celui qu'on a appelé « le Père de l'Église de l'Esprit », exprimait cela en une formule frappante : « Le Rien éternel est l'œil de la Vision éternelle. »

L'idée de la mort, destructrice pour le dépressif, est libératrice pour le philosophe ou le mystique : « Philosopher, c'est apprendre à mourir », disait Socrate. Dans le Zen, on recommande de « voir la vie du fond de son cercueil ». Quand on posait des questions sur la mort à Nisargadatta Maharaj, quelques mois avant son décès, il répondait : « Je ne vous parlerais pas comme cela si je n'étais déjà mort. » Cette mort de l'ego fait peur. A une autre occasion, Maharaj avait évoqué l'idée de libération dès cette vie et un visiteur s'était exclamé : « Mais, c'est comme la mort! » « **C'est** la mort! », répondit Maharaj. Quand on est réellement libéré de l'angoisse de la mort, et seuls les grands sages ou saints le sont, on est libéré de toutes les autres angoisses. Quand on n'a plus rien à perdre, on ne peut être que gagnant.

La méditation représente une prévention, une prophylaxie de la dépression : en revenant quotidiennement à la source du bonheur qui est au-dedans, on évite cette accumulation de sentiment de frustration interne qui fait que des gens qui ont tout, matériellement, pour être heureux peuvent devenir aigris et parfois franchement déprimés. L'enfant a des variations d'émotions fortes et rapides. Nous restons un enfant à l'intérieur, bien que nous ayons recouvert cette « cyclothymie enfantine » par un vernis d'humeur passablement monotone : cela permet de fonctionner à peu près en société. Nous avons déjà vu que la méditation rend capable de reconnaître ces variations rapides (envie-dégoût, plaisir-douleur, etc.) et d'aller au-delà. En Inde, on insiste sur le fait que le sage est « au-delà des paires d'opposés » *(dvandvatîtam)*. Dans la Bible, Dieu est parfois présenté clairement comme au-delà des contraires : « Il n'y a personne sauf moi... Je façonne la lumière et les ténèbres, je fais le bonheur et je crée le malheur, c'est moi, Yahvé, qui crée tout cela » *(Isaïe 45, 6-7)*. (La traduction littérale de l'hébreu est : « Je fais la paix et le mal. »)

Par le lâcher prise qu'elle implique, la méditation est libératrice. Elle évite de devenir comme le singe de l'histoire orientale : « Un jour, en secouant une noix de coco apparemment vide, un singe entend du bruit. Il peut tout juste passer la main par un orifice étroit pour aller prendre ce qu'il y a à l'intérieur. Il sent que c'est un sucre, mais quand il veut sortir ce dernier, son poing fermé se coince dans la noix de coco. Le chasseur de singe, qui avait monté le piège, s'approche sans se presser. Le singe essaie de s'enfuir, mais se prend les pattes dans la noix de coco. Quand il se sent saisi par la peau du cou, il se dit : " J'ai perdu ma liberté, mais je garde le sucre! " A ce moment-là, le chasseur lui donne un coup sur le coude à l'endroit du nerf qui fait mal et le singe, par réflexe, lâche le sucre. Il avait perdu et la liberté et le sucre. »

Dépressions et libérations au cours de l'évolution spirituelle

L'évolution spirituelle amène à la joie intérieure mais elle n'est pas dépourvue du risque de réactions dépressives. On retrouve ce risque en psychothérapie où des patients vont jusqu'au suicide parce qu'ils ne peuvent supporter de voir certaines réalités en eux-mêmes et qu'ils y sont malgré tout poussés par un thérapeute ou analyste trop zélé ou trop rigide. Si la pratique spirituelle a des dangers, ils ne doivent pas être surestimés, ils me semblent certainement moins graves que le fait de prendre le volant d'une voiture en état d'ivresse un soir de fête...

Dans le christianisme, on distingue la dépression authentique *(acedia)* des phases de sécheresse *(ariditas),* ces dernières survenant lors d'une évolution spirituelle saine. L'*acedia* apparaît surtout chez les moines ou moniales d'âge mûr. C'est un dégoût de tout ce qui touche à la voie spirituelle. Peut-être est-elle liée à une baisse de la force sexuelle chez des religieux qui suivent la voie de la dévotion et de la sublimation des émotions vers le divin; il y a moins à sublimer, il y a donc moins d'expériences intérieures. A l'opposé, l'*ariditas,* la sécheresse spirituelle, correspond à ce que saint Jean de la Croix appelait « la nuit des sens ». L'orant n'est pas dégoûté des choses spirituelles, au contraire il n'aspire qu'à Dieu, mais il ne le « voit » pas. C'est une sorte de désir amoureux insatisfait, un désinvestissement de tout ce qui n'est pas Lui sans parvenir pour autant à l'atteindre [5]. Pour reprendre l'image de sainte Thérèse d'Avila, on peut dire que le mental, en entrant dans son cocon comme un ver à soie, finit par en mourir et peut finalement renaître papillon [6].

A la nuit des sens fait suite la nuit de l'esprit qui peut correspondre à une phase difficile : l'orant s'aperçoit de l'irréalité ultime de la forme de la divinité qu'il a adorée, de laquelle il a reçu visions, messages et consolations. Cependant, au bout de quelque temps, derrière cette forme qui se dissout, apparaît une énergie neuve. Hadewich d'Anvers disait en usant de paradoxes : « Une connaissance se renouvelle sans mode dans la claire ténèbre de la présence d'absence [7]. » Pour Ruysbroeck, la sérénité apparaît à ceux qui vont au-delà même de l'essence : « Ils se reposeront avec sérénité dans leur suressence [8]. »

Les chrétiens insistent plus que les hindous sur les souffrances dues à l'évolution mystique. La toile de fond de la mystique hindoue, qu'il s'agisse de la voie de la dévotion ou de la voie de la connaissance, est la félicité *(ânanda);* cependant, la destruction du mental *(manonâsha)* n'est pas négligée, elle est indispensable à l'établissement d'une félicité stable. Pourquoi cette différence? Il y a déjà la fixation des chrétiens sur la Passion du Christ qui dans certains cas peut confiner à ce que l'on appellerait en psychologie un « traumatisme de naissance »; mais il y a, me semble-t-il, un autre facteur pouvant expliquer la fréquence de la sécheresse spirituelle chez le mystique chrétien. C'est un facteur que les auteurs ecclésiastiques n'osent pas aborder de face : il s'agit de la rigidité des règles et institutions qui empêche le mystique d'évoluer à son propre rythme et qui gêne une relation de confiance complète au maître spirituel. Si un religieux n'a que des supérieurs hiérarchiques et n'a pas de maître spirituel sur lequel faire un transfert affectif de fond, il n'est pas étonnant qu'il éprouve des sécheresses spirituelles fréquentes et qu'il souffre tout simplement de solitude.

Certains auteurs occidentaux pensent que la renonciation en Inde est un équivalent de la dépression. Il peut certes arriver qu'une personne ait une impulsion à renoncer à la suite d'un deuil ou d'une déception, mais ce genre de décision ne dure pas. La deuxième partie du nom des renonçants *(sannyâs)* en Inde est *ânanda,* la félicité, comme dans Vivekânanda, Shivânanda, etc., dans les noms mêmes, renoncement et félicité sont étroitement associés. Le renoncement ne naît pas d'un choix forcé, mais d'une compréhension juste. Pour l'hindou, il ne signifie pas tant dissolution qu'individuation. Son individualité, jusqu'alors diluée dans la famille et le clan *(gotra),* s'affirme par le choix de renoncement. La pratique spirituelle amène à guérir la « position dépressive »; il s'agit d'un trait fréquent du psychisme humain remontant à la première année, lorsque l'enfant a commencé à voir sa mère s'éloigner un tant soit peu et y a fait une forte réaction. On pourrait exprimer cette cure spirituelle en disant, en termes psychologiques, qu'on doit « introjecter le bon objet », qui n'est plus la mère physique mais, en Inde, le gourou ou la Mère Divine. Quand on devient capable d'« halluciner la Mère », on a en main la meilleure arme qui soit pour dépasser la position dépressive.

Mâ Anandamayî faisait souvent la distinction entre *shûnya* et *mahâshûnya* (le vide et le grand vide). Elle voulait peut-être éviter qu'on ne prenne des phases de torpeur dans la *sâdhana* pour la réalisation de l'Absolu. Ce genre de distinction revient dans différentes voies spirituelles sous des terminologies variées. Le Shivaïsme du Cachemire distingue dix sortes de vacuité, le bouddhisme tibétain, dix-huit. Cette insistance sur la vacuité n'est pas du nihilisme; les bouddhistes croient à l'Absolu, qu'ils appellent parfois *tathâgatagarbha,* matrice *(garbha)* de Celui qui a été *(gata)* au-delà *(tathâ),* c'est-à-dire matrice du Bouddha. Cette image de la matrice confirme cette conception de la vacuité que nous avons déjà évoquée plus haut : réservoir de potentialités. C'est un médicament pour se libérer de la racine des perturbations : par exemple, celui qui sait méditer peut annuler une émotion parasite en la voyant comme vide dès le départ. Il n'est plus piégé par les phénomènes auxquels il accorde une réalité relative, mais non inhérente; en cela, il suit la voie du juste milieu *(mâdhyamika).* Nâgârjuna disait : « La vacuité a été enseignée comme un remède pour se débarrasser de tous les points de vue philosophiques; mais, de fait, ceux qui se raccrochent à la vacuité sont incurables [9]. » Il ne s'agit donc pas de nihilisme, mais seulement d'indiquer que l'Absolu ne peut qu'être évoqué, et non pas atteint par les discours de la raison. En cela, l'école mâdhyamika de Nâgârjuna est sœur du Vedanta et mère du Ch'an et du Zen.

De nos jours, ce dynamisme évolutif de la pensée, favorisé par la méditation sur la vacuité, devrait encourager les psychologues à remettre en question les théories dans lesquelles ils se sont installés, voire enfermés. Peut-être n'osent-ils pas le faire de peur de tomber dans la béance du nihilisme [10], mais ils devraient savoir, au moins intellectuellement, qu'il y a la possibilité d'une « voie du juste milieu ». J'espère que ces quelques réflexions aideront à éclairer certaines similarités et différences entre le vide existentiel et la vacuité libératrice. J'espère surtout qu'elles éclaireront la passerelle étroite menant du vide de la dépression à la vacuité de la mystique, ce pont suspendu qui s'élance du rien vers le Rien.

3.

Le sage enfant

Régression psychologique et progrès spirituel

La régression, symptôme ou thérapie?

UNE des qualités du sage ou du saint est l'enfance spirituelle. En quoi cette dernière se différencie-t-elle de la régression telle qu'elle est décrite en psychologie? Y a-t-il des points communs entre les deux? Ces questions me semblent importantes.

Il y a une régression pathologique. J'ai été amené par exemple à m'occuper en hôpital psychiatrique de schizophrènes en crise catatonique, c'est-à-dire figés dans une immobilité complète. On aimerait penser qu'il s'agit de mystiques, en état d'extase, qui s'ignorent : mais un autre de leurs problèmes est qu'ils cherchent souvent à tout casser dans le service une fois qu'ils sortent de leur crise de stupéfaction; même si cela n'est pas constant, il s'agit d'un trait qui n'a guère de rapport avec le comportement d'un mystique tel qu'on s'y attend bien qu'on raconte en Inde des histoires de Yogis qui se mettent en colère si on les sort d'un genre d'extase *(samâdhi)* dans laquelle ils sont plongés. N'y a-t-il pas pourtant dans cette absorption en soi une tentative d'autothérapie, un essai d'établir une certaine paix par l'immobilité comme le font également les dépressifs? N'est-ce pas un moyen de contrebalancer l'agitation liée à l'angoisse qui a précédé la crise? J'ai vu, dans un service où j'étais pour six mois, un patient qui était hospitalisé là depuis six ans : ses longs épisodes catatoniques m'ont semblé réellement des tentatives de méditation en vue d'une évolution intérieure. Elles semblent avoir mal tourné à cause d'une opposition vive et prolongée du milieu familial et d'un manque de connaissance des règles élémentaires de la méditation.

Pour être plus clair, je pense qu'il est utile de distinguer entre la régression, phénomène pathologique, et ce que l'on pourrait appeler le « retour », la « conversion » vers le centre, vers la source, vers l'être, recommandés par chaque tradition. Cette distinction sera développée tout au long de ce chapitre. Pierre Weil a consacré une partie entière de son livre *L'Homme sans frontières* à la régression et aux états mystiques.

Il pense, comme je le fais, qu'on ne peut parler de « régression » à propos d'un itinéraire spirituel qui vise à une progression, ou un retour, vers l'absolu. Il propose de parler de déconditionnement plutôt que de régression [11].

Un troisième type de « régression » est la régression thérapeutique.

Un des problèmes essentiels des patients qui viennent consulter est qu'ils se dévalorisent. Le fait de régresser durant la psychothérapie permet un « maternage », une revalorisation par le thérapeute. Cette dernière peut être directe, par l'expression de sentiment de sympathie, ou indirecte, par le simple fait que le soignant écoute attentivement des propos que le patient adressait d'habitude uniquement à lui-même. La régression au sein de la famille est moins tolérée en Occident qu'en Inde par exemple. L'Occidental veut être indépendant rapidement, peut-être plus rapidement qu'il n'en est capable; il ne se permet guère de régresser en famille; est-ce pour cela qu'il doit aller le faire chez le thérapeute? En Inde, savoir être dépendant prouve que l'on est civilisé, que l'on sait vivre en société : c'est la meilleure garantie qu'un jour, d'autres pourront être dépendants de vous.

La régression ne se fait pas seulement à des stades de l'enfance; Erik Erikson, nous l'avons vu, présente le développement psychologique jusqu'au niveau de l'adulte mûr comme une succession de crises avec, à chaque fois, la possibilité de déviation et de régression. La situation thérapeutique peut être considérée comme une régression du patient, dans la mesure où il accepte le fait qu'il ne peut plus s'occuper de son propre esprit seul. Cependant, un certain nombre de thérapeutes n'aiment guère être témoins de régression patente. Peut-être est-ce parce qu'ils n'acceptent pas chez eux-mêmes, ne voient pas l'intérêt d'une telle régression et n'en ont pas fait l'expérience; mais en négligeant cette régression si elle survient chez les patients, en voulant les en faire sortir le plus vite possible, ces thérapeutes ne risquent-ils pas de jouer le rôle d'un « super-papa » qui se contente de dire à son enfant : « Ne reste pas dans les jupons de ta maman! »

Fusion psychotique et mystique de l'unité

Certains psychologues, qui n'ont guère de culture à propos de la mystique, ont tendance à faire des équivalences superficielles entre fusion psychologique et ce que les mystiques peuvent appeler « vie unitive », c'est-à-dire un état où l'on vit sa vie quotidienne tout en ressentant son unité avec le divin. Précisons déjà ce qu'est l'expérience de « fusion psychotique » : en début de psychose, les patients angoissés par leurs conflits avec l'entourage cherchent à s'isoler pour réduire par eux-mêmes cette angoisse. Ils peuvent rester des journées entières sur leur lit apparemment à ne rien faire (clinophilie). En réalité, ils expérimentent une alternance d'états, soit agréables, de relaxation, soit désagréables, d'anxiété.

S'ils ont une tendance religieuse, ils peuvent exprimer ces expériences comme fusion, union au divin, au grand Tout, etc., mais cette fusion est pathologique d'une part parce qu'ils ne savent pas la faire durer et que, d'autre part, elle recouvre trois séparations plus profondes : séparation violente entre le jeune schizophrène et l'entourage qu'il rejette, deuxièmement, séparation du sujet d'avec son propre corps qui est vécu comme une pierre, comme un minéral ou comme vide. Le doute à propos des sensations corporelles correspond, en miroir, à un doute à propos de la réalité du monde : c'est le début du délire. Une fois ce dernier constitué, on peut observer une troisième séparation, cette fois-ci à l'intérieur de l'esprit du patient, entre des voix persécutrices et un moi-victime. Cette troisième séparation a donné le nom de la maladie elle-même – schizophrénie : esprit *(phrèn)* divisé *(schizo)*. Ce qui rend l'expérience de fusion pathologique, c'est justement qu'elle n'est qu'une expérience à la superficie du mental, sans doute une tentative de compenser, d'améliorer les trois types de séparation que nous avons vus.

Nous avons vu au chapitre I que ce qui caractérise le schizophrène, ce n'est pas tant la fusion en soi que l'alternance rapide de fusion et de rejet, d'amour et de haine, l'ambivalence affective. Je me souviens d'un patient qui téléphonait de mon bureau à sa mère : environ toutes les dix secondes, il semblait passer, d'après l'expression de son visage, de l'amour absolu à la haine absolue, de la tentative de fusion à la pulsion de meurtre. Par contre, la « vie d'union » du mystique réalise une union réelle avec les autres et le monde extérieur; cependant cette union ne se situe pas sur le plan physique ou psychologique, mais sur le plan spirituel. Le mystique parvient à l'idéal traditionnel : « aimer son prochain comme soi-même ». Dans la mesure où il ne considère plus ce prochain comme autre, il n'a plus de raison de le craindre ou de l'agresser. Certes, il faut une longue pratique pour pouvoir arriver à ce stade élevé et savoir l'articuler dans les diverses circonstances de la vie quotidienne.

S'il existe bien une fusion psychotique dans la schizophrénie, on peut dire par contre qu'il existe une séparation psychotique dans la paranoïa. Schématiquement, il y a une séparation profonde entre le paranoïaque qui se vit persécuté et les autres, l'entourage qui est vécu comme persécuteur. Pour lui, le monde est divisé en blanc et noir, il n'y a pas d'intermédiaire. De plus, si la fusion mystique a pour risque de déviation la fusion schizophrénique, on peut dire également que la clarté scientifique a pour risque de déviation la compartimentation obsessionnelle. De nos jours combien de personnes pensent bien faire en établissant dans leur esprit et dans leur vie des cloisonnements rigides, en essayant de traiter les autres et eux-mêmes comme des objets à analyser et à disséquer « scientifiquement », ou en essayant d'écraser dans l'œuf tout mouvement de vie intérieure. Ils obéissent aux mécanismes de rationalisation et de déni caractéristiques de la névrose obsessionnelle. Bien que moins spectaculaire que les éclats schizophréniques, cette tendance obsessionnelle chronique me semble importante à mentionner parce qu'elle est répandue en Occident et qu'elle est nuisible : elle amène les gens qui en sont atteints à vivre « à petit feu », séparés de leur source d'énergie intérieure.

Il existe des fusions, des régressions non pathologiques a priori. L'exemple le plus courant en est l'amour physique : n'est-ce pas étonnant que ce soit au moment même où l'homme et la femme imaginent le plus s'affirmer comme adultes qu'ils fonctionnent le plus comme des bébés?... Le fait qu'il y ait des déviations pathologiques de la sexualité ne doit pas amener à rejeter l'amour dans son ensemble. De même, le fait qu'il y ait des déviations pathologiques de l'intériorisation ne doit pas amener à rejeter a priori cette fonction naturelle du corps et de l'esprit qu'est la méditation.

L'amour inclut une dépendance. Une certaine dépendance est tout à fait naturelle chez l'individu. Mais si cette dernière est développée jusqu'à un point pathologique, on parle d'anaclitisme (le fait d'avoir constamment besoin de quelqu'un dans son lit) et c'est un signe d'une personnalité hystérique. A l'inverse, un signe de maturité psychique est la capacité d'être seul, comme on l'est aussi en méditation. Winnicott a insisté sur ce point. En acceptant de reconnaître son manque fondamental relié à la mise à distance inévitable de la mère pendant la petite enfance, on a une chance de redécouvrir l'expérience satisfaisante de l'unité qui a précédé ce manque, on pense en général à l'unité prénatale. En termes psychologiques, « l'analyse de la position dépressive mène à la relation affective primaire [12] ». Cela permet de laisser tomber ses masques, ses fausses personnalités, ce que Winnicott appelle le « faux self ». En termes spirituels, savoir cesser de suivre ses désirs et ses peurs mène à un état stable en soi, ou dans le Soi; c'est, par exemple, l'enseignement de la Bhagavad-Gîtâ, pour citer un texte fondamental de l'Inde.

Pour clarifier cette discussion, on peut distinguer plusieurs niveaux de fusion. D'abord, la fusion superficielle due à une relaxation par exemple. On a une impression momentanée d'unité en soi ainsi que d'unité entre l'intérieur du corps et le monde extérieur. C'est bien, mais malheureusement cela ne dure pas. Il y a ensuite les expériences auxquelles tout le monde pense en premier lieu lorsque l'on parle de fusion : le coït, l'ivresse, la drogue. Là encore, l'expérience ne dure pas, le Un redevient rapidement deux, soi-même d'un côté et l'autre, ou l'univers, de l'autre. On peut parler, si l'on veut, de pseudo-fusion comme le fait Pierre Weil. Le seul état de fusion réelle est un état d'unité qui se révèle de lui-même, la plupart du temps après une longue évolution spirituelle et une pratique soutenue de la méditation. Ceux qui dans les diverses traditions ont atteint cet état assurent qu'il s'agit là de la vision directe de la Réalité. C'est le résultat ultime du processus de l'intelligence humaine cherchant à se comprendre elle-même.

Ce retour à un état stable n'est pas si facile. Il fait peur. Déjà au niveau psychologique, Balint faisait observer que les patients avaient tendance à changer de thérapeute quand ils sentaient la venue d'une régression profonde au cours des séances. Dans la tradition hindoue, le disciple est aidé, pas à pas, dans ce retour vers l'origine par le gourou souvent rapproché de la mère. D'abord, ce dernier donne le *mantra,* parole unique destinée à faire taire le bavardage mental; par la pratique de celui-ci, l'expérience d'un état préverbal remonte. Curieusement, un *mantra* souvent donné est « Ma, Ma »; il correspond à ces premiers phonèmes, à ces « sons transitionnels » (Winnicott) que l'enfant utilise spontanément, sans doute pour remplacer la mère quand elle est absente, et ce pratiquement dans toutes les langues. Françoise Dolto cite le fait que lorsque c'est le père qui s'occupe de l'enfant, il se fait appeler « Ma-ma » alors que la mère qui travaille se fait appeler « Pa-pa ». « Ma » indique donc la fonction maternante plus que la personne [13].

Dans un second temps, le disciple voit partout son gourou ainsi que la divinité qu'il adore. Cela rappelle l'état d'avant huit mois, d'avant la première peur de l'étranger où l'enfant voyait sa mère partout et en tous. Enfin, le sourire du disciple quand il a atteint l'état de libération, le « sourire de Bouddha » peut évoquer du point de vue de l'histoire du développement, la première communication consciente de l'enfant, son premier sourire à l'âge de quatre mois. Certains disciples, surtout parmi les débutants, ont une vision de l'aspect maternel de leur gourou qui est superficielle, trop proche de la mère au sens habituel du terme; ils ne voient pas l'aspect impersonnel de la Mère. Ils peuvent ainsi passer par une phase réellement pathologique de régression : un Sadgourou (gourou réel) les aidera à dépasser ce stade.

Le nourrisson semble soumis à des alternances de satisfaction et de frustration intenses, de vécu d'unité et de morcellement. Il atteint cependant une stabilité par le fait d'être toujours pris en charge par la même personne. Par sa concentration sur la mère, il évite le morcellement. De même le méditant, dans son évolution intérieure, peut passer par des alternances d'états intérieurs agréables ou douloureux, d'élévation ou de déréliction. Sa concentration sur le gourou l'aide alors à éviter le morcellement et à rétablir un sens de l'unité plus vaste que ce qu'il avait expérimenté auparavant.

« Le sage est un enfant, mais sans les germes de l'ego »

Par cette phrase, Ramana Maharshi a résumé les points communs et les différences entre le sage et l'enfant. Le sage peut sur bien des points se comporter comme un enfant, mais ce n'est pas un enfant ordinaire. Il a « brûlé » en lui tous les germes de l'ego alors que l'enfant aura un ego qui se développera naturellement. L'enfance spirituelle, expression de simplicité, est une qualité constamment encouragée dans les diverses traditions. La parole du Christ : « Si vous ne redevenez comme des petits enfants, vous ne pourrez entrer dans le Royaume du Père », a inspiré des générations de chrétiens. En chant grégorien, l'introït du premier dimanche après Pâques, le dimanche de Quasimodo, dit ceci : *« Quasimodo geniti infantes, sine dolo lac concupiscite, alleluia »,* « Comme des enfants nouveau-nés, sans duplicité, désirez le lait. » Lors de ce dimanche, les nouveaux chrétiens reviennent pour la première fois à l'église après l'initiation au baptême reçue lors de la veillée pascale, une semaine auparavant; ils sont considérés comme des enfants nouveau-nés.

Dans le monde indien, Vivekânanda raconte sa première impression de Râmakrishna : il avait vu en lui une sorte de « grand bébé halluciné ». Il disait que le pouvoir du gourou était comme celui du petit enfant dans la maison. Il n'a extérieurement aucun pouvoir, mais en fait tout le monde est à son service. Jusqu'à un âge avancé, Mâ Anandamayî pouvait dire à certains visiteurs, souvent des gens mariés : « Je suis votre petite fille. » Shri Aurobindo voyait cette qualité d'enfance spirituelle en Dieu même lorsqu'il disait : « Dieu est un enfant éternel jouant un jeu éternel dans un jardin éternel. » Nisargadatta Maharaj affirmait peu avant sa mort : « Aussi longtemps que vous êtes intéressés à ce monde manifesté, vous n'avez pas le temps d'aller à la racine. La racine c'est cette conscience qui est apparue quand vous étiez enfants. Les gens sont tellement intéressés par mes paroles qu'ils ne cherchent pas à découvrir ce qu'est la conscience d'enfant [14]. »

Il est possible que cette qualité d'enfance spirituelle, qui signifie avant tout simplicité, ait été récupérée dans le christianisme pour renforcer la soumission à l'autorité, ce qui a affaibli sa signification première. « Innocent comme un agneau » s'est mis à vouloir dire « obéissant comme un mouton »... On associe trop l'agneau, symbole d'innocence, à l'impuissance de l'agneau pascal et du Serviteur souffrant qui se laissent mener au sacrifice. On parle cependant, dans l'Apocalypse de Jean, de l'Agneau à sept cornes investi de la puissance et vainqueur des Princes de la Terre. Comme le montre A. Jaubert, l'agneau était un symbole certes d'innocence, mais aussi de force au temps du Christ [15].

Le logion 4 de l'Évangile de Thomas rapproche enfance et unité [16]. Jésus disait : « Le vieillard n'hésitera pas à interroger l'enfant de sept jours à propos du Lieu de Vie, et il vivra. Beaucoup de premiers se feront derniers, et ils seront Un. » L'enfant de sept jours symbolise ici la perfection de la simplicité; il n'est pas encore touché par la marque sanglante du conditionnement social puisque la circoncision ne se faisait qu'à l'âge de huit jours. Sa simplicité n'est pas ignorance : il a parcouru tous les plans de la Création et, tel Dieu au septième jour, est revenu au repos. Il est silencieux au sens infini où l'entendait Jacob Boehme : « Celui qui fait réellement silence est comme Dieu avant la création du monde. » Il est le Fils au-delà du temps : « *Ante luciferum, genui te* », « avant l'apparition de la lumière, je t'ai engendré », ce qui est une adaptation pour la liturgie chrétienne du Psaume 109-3 : « A toi le principat au jour de ta naissance, les honneurs sacrés dès le sein, dès l'aurore de ta jeunesse », ainsi que du Psaume 2-7 : « Tu es mon fils, moi, aujourd'hui, je t'ai engendré. »

Ce retour à un état d'enfance est vécu de manière tout à fait concrète par certains mystiques. Tous les vendredis, Marthe

Robin revivait la passion du Christ et les sons qui provenaient d'elle, pendant ces heures-là, étaient comme des gémissements d'enfant. Le vrai philosophe, lui aussi, est un enfant. Un des disciples de Socrate n'a pu s'empêcher de le trouver puéril et de se moquer de lui quand il l'a surpris un jour en train de danser tout seul. Le Maître, à d'autres moments, disait qu'il ne faisait que continuer la profession de sa mère qui était sage-femme en amenant à la vie cet enfant qu'est la vérité. De même que l'enfant, au début de sa vie, a peu de caractères sexuels, de même, à l'origine de l'histoire, les êtres humains étaient androgynes. C'est ce que Platon fait dire, sous forme humoristique, à Aristophane dans *Le Banquet :* les premiers humains, tels les dieux indiens, avaient quatre jambes et quatre bras. Cette unité leur conférait une force supérieure et les rendaient capables d'attaquer, à la manière des Titans, Zeus sur son Olympe. C'est afin de les affaiblir que le roi des dieux, apeuré, a décidé de les couper en deux, une moitié homme et une moitié femme. Il est ainsi suggéré implicitement, dans les mythes de la Grèce comme dans ceux de l'Inde, que celui qui parvient à l'androgynat, au deux en Un, est doué d'une force divine. Bergson, plus proche de nous, continue à faire de l'esprit d'enfance quasiment une définition de la philosophie : « La philosophie telle que je la conçois n'est que la résolution de regarder naïvement en soi et autour de soi [17]. »

On peut dire que le sage est un enfant au sens étymologique du terme : *« in-fans »,* celui qui ne parle pas. Le sage, par l'habitude de la méditation silencieuse, développe l'art de la communication sans paroles. Il est au-delà du langage, de la pensée telle que nous la concevons. La conscience du sage est dans l'Absolu, même s'il répond de manière adaptée aux changements de circonstance extérieurs. Cela se fait spontanément, il n'a pas besoin d'y penser plus qu'il ne pense à la digestion de ses repas, pour reprendre une image de Nisargadatta Maharaj. Savoir arrêter à volonté la pensée linéaire et discursive permet l'épanouissement spontané de l'intuition, qui sera pure dans la mesure où le mental sous-jacent a déjà été suffisamment purifié par la méditation. Comme l'enfant nouveau-né, le sage est proche du corps : parfois, il peut sembler ne pas voir, ne pas entendre, mais il sent. « Sage » est de la même racine que « savoir » et « sève ». Est sage celui qui sait savourer la sève du vrai savoir.

Comme l'enfant, le sage peut être sujet à des variations d'émotions qui ne laissent pas de trace; mais ces variations d'émotions restent dans un registre positif. Il peut passer de la joie par sympathie aux larmes de compassion, mais je ne vois pas un sage exprimer de la haine, comme le font de temps à autre les schizophrènes ou dire des choses blessantes, comme peuvent le faire parfois, par inadvertance, les enfants *. Sa capacité désarmante à faire confiance va de pair avec sa capacité à inspirer la confiance. Il n'est pas victime, comme le supposent parfois des psychologues peu informés, d'une « régression à des processus primaires », mais il a opéré un retour conscient à la source première des émotions et des actions. Cette différence entre « processus primaires » et « énergie première » est importante à établir si l'on veut faire une comparaison claire entre psychologie et spiritualité. Celui qui a utilisé pour la première fois la force d'une rivière pour produire de l'électricité, éclairer des maisons et faire fonctionner des machines, est revenu à une source d'énergie « primaire », mais qui songerait à nier que cela ait été un progrès? De même, le fait que le sage sache utiliser à bon escient des sources d'énergie premières, physiques ou émotionnelles, à des fins spirituelles est un des signes de son état de conscience avancé.

Si le sage sait jouer l'enfant, il n'est pas identifié à ce rôle. Il peut jouer aussi bien le père, la mère ou le frère. En fait, il n'est identifié à aucun rôle. S'il est dépendant comme un enfant, il l'est de la Mère divine, dirait-on en Inde. Cette Mère divine étant en lui, il est en fait complètement indé-

* Au fond de chaque adulte, il y a un enfant qui a peur. Le sage redevient enfant, mais avec la peur en moins. Une bonne définition de la spiritualité pourrait être : « Guérir en nous l'enfant qui a peur. »

pendant. Dans le Yoga, on l'appelle le *Kaivalin,* le Seul. Il s'intéresse aux autres par esprit de service, mais c'est tout. Il n'en attend pas une reconnaissance ou une réassurance affective.

Le sage, grâce à sa simplicité, n'hésite pas à manifester ce que tout le monde sent mais n'ose pas dire par crainte d'enfreindre les conventions sociales explicites ou implicites. Il est comme l'enfant du conte d'Andersen : « Il était une fois un empereur qui perdait de plus en plus la vue avec l'âge. Il ne voulait pas reconnaître ce fait. Sachant cela, ses courtisans se gardaient bien de le lui faire sentir. Un jour, un tailleur rusé eu l'idée de faire des économies aux dépens de Sa Majesté. Il fit semblant de lui apporter un nouveau vêtement, fit toujours semblant de le lui présenter en lui demandant de temps en temps : “ Vous voyez... vous voyez? ” Et l'empereur de répondre : “ Oui, bien sûr, je vois, je vois! ” Après cela, les courtisans se sont sentis obligés de “ voir ” le nouvel habit et d'en féliciter l'empereur. Ils n'ont pas pu l'empêcher de sortir en procession avec ce qu'il croyait être un magnifique vêtement. Durant la traversée de la ville, la foule a commencé à répéter, comme les courtisans : “ Que Sa Majesté a de beaux vêtements! Qu'elle est élégante! ”, jusqu'au moment où un enfant a rompu le charme et s'est exclamé : “ Mais l'empereur est tout nu! ”... »

Retour à soi, retour au Soi et point de non-retour

Celui qui s'est engagé sur la voie spirituelle, qui est « rentré dans le fleuve », comme le disent les bouddhistes, retourne à la mer dont il est issu. Il sait qu'il n'a guère de raisons de revenir en arrière, et il en est heureux. D'après l'école hindoue de non-dualisme *(advaïta),* essayer de distinguer avant et après, progression et régression, devient inutile au-delà d'un certain niveau d'expérience : le but déclaré de la méditation est en effet d'aller au-delà du temps. Dans ce sens, Dôgen, un maître Zen, disait : « Ici et maintenant contient l'éternité. »

En thérapie, il ne sera sans doute guère efficace d'expliquer cela au patient : qu'en ferait-il concrètement s'il n'a pas les moyens d'en vivre l'expérience, au moins un petit peu, par une pratique soutenue de la méditation? Par contre il me semble utile, pour un patient qui est sur le point de faire ou a vécu une régression, de la présenter comme une expérience initiatique sans pour autant qu'il soit besoin d'y mêler un occultisme quelconque. Cela a l'avantage de « démédicaliser » le problème, de ne plus le considérer comme une pathologie à éliminer mais comme une aventure de croissance intérieure. Beaucoup de thérapeutes sentent cette nécessité mais restent piégés par le vocabulaire de la psychologie en continuant malgré tout à penser d'abord « régression »; par là, ils se font à eux-mêmes et aux patients des suggestions négatives, des suggestions « mortifères », pour employer un de ces termes malheureux que certains thérapeutes prennent un plaisir étrange à s'entendre dire.

La notion de mort et de renaissance parle à notre inconscient ancien; je me souviens d'un site préhistorique dans les Pyrénées-Orientales que j'avais eu l'occasion de visiter : c'était une tombe en trois compartiments; on communiquait de l'un à l'autre par des orifices circulaires de taille décroissante. Le corps était déposé dans la chambre du fond. Sans être grand anthropologue, on pouvait voir dans cette structure un rappel du canal pelvien et dans la manière d'enterrer, un symétrique du processus de naissance. On pouvait reconnaître dans ce site, inscrite dans la pierre, une des premières tentatives de l'humanité pour transmuter la mort en renaissance.

Nous avons évoqué auparavant la méditation; elle peut être considérée comme un retour : d'abord retour à soi, puis progressivement, retour au Soi. Elle réactualise une potentialité de l'enfant : ce dernier peut atténuer la dissociation fondamentale de l'adulte, la séparation entre le monde du rêve et le monde diurne. Les nourrissons alternent rapidement sommeil et veille. De plus, ils peuvent entrer directement, à partir de l'état de veille, en état de sommeil paradoxal, c'est-à-dire de sommeil avec rêve.

Ce n'est pas le cas de l'adulte qui intercale entre la phase de veille et la phase de sommeil avec rêve une phase de sommeil profond, sans rêves. Il ne se met à rêver que quatre-vingts minutes environ après l'endormissement. Chez lui, les deux mondes, le rêve et la réalité, sont presque entièrement compartimentés. Ils le sont moins chez le grand enfant qui a conservé, de ses expériences de nourrisson, la capacité de rentrer facilement en état de rêve éveillé. C'est un fait que l'on peut constater en lui faisant faire une relaxation et en voyant la facilité avec laquelle il raconte un rêve qu'il est déjà en train de faire. La méditation aide à découvrir un passage secret entre le monde de la nuit et le monde du jour. C'est une voie du juste milieu entre certaines réalités instinctuelles exprimées dans le monde du rêve et le désir d'évolution, de changement intérieur exprimé dans le monde de la veille. C'est une fenêtre percée dans le mur épais des pensées. Heureux ceux qui, de temps à autre, savent penser à la non-pensée.

Le mythe de l'éternel retour est un mythe important : grâce à ce retour à soi répété qu'est la méditation, ce mythe peut devenir une réalité; qu'est-ce, en effet, que l'éternel retour authentique, si ce n'est le retour au présent?

4.

La croissance et l'essence

Vers une maturité spirituelle dans le champ de la psychothérapie *

Le point de départ de la pensée psychologique et spirituelle de l'Inde, c'est l'existence de la souffrance. En fait, peu de gens aiment regarder en face leur propre souffrance. C'est pour cela qu'en psychologie occidentale comme en Yoga, il y a des méthodes pour découvrir sa souffrance, pour descendre dans l'infrapersonnel, pourrait-on dire. Pour le Yoga, il est difficile d'appeler la descente dans l'infrapersonnel, dans le non-verbal, une régression. C'est plutôt le premier pas d'une réascension vers la source d'où nous venons. Pour l'Inde, la création du monde correspond à une descente du plan de l'Absolu jusqu'au plan du manifesté, le monde tel que nous le voyons, à travers une cascade de plans intermédiaires; il y en a par exemple trente-quatre dans le Shivaïsme du Cachemire. Le travail spirituel, la sâdhana du Yogi consiste à remonter du plan du manifesté vers le plan de l'absolu. Ce travail, plutôt que régression, pourrait s'appeler rétrocession : on rend la conscience individuelle à son véritable propriétaire, la conscience absolue.

La psychologie occidentale est spécialisée dans la première phase du travail, c'est-à-dire la descente dans l'infrapersonnel. Elle fait bien ce travail, parfois même trop bien en ce sens

* Ce chapitre reprend l'énoncé d'une conférence faite en août 1990 au Congrès européen de transpersonnel à Strasbourg.

qu'il lui arrive de temps à autre de se perdre dans des labyrinthes qu'elle s'est elle-même créés, dans des détails qui compliquent l'esprit sans le rendre plus clair – les hindous diraient plus sattviques. Le Yoga assure une descente dans l'infrapersonnel et une remontée vers le transpersonnel, les deux mouvements étant intimement liés dans la pratique quotidienne de la méditation. Ce travail correspond bien à la phrase de maître Dôgen : « Méditer, c'est étudier l'ego, étudier l'ego, c'est l'abandonner. » On aurait moins peur de la seconde phase en psychologie occidentale si l'on comprenait qu'abandonner l'ego signifie en fait s'en désidentifier; de même, lorsque l'Inde dit abandonner le corps, il s'agit en fait de s'en désidentifier. Ce n'est pas parce que l'on utilise une voiture que l'on croit être la voiture elle-même; il en va de même du corps dans la conception du Yoga. C'est une question non pas d'être désincarné, mais d'être désidentifié. Les psychothérapies sentent que la désidentification est un facteur essentiel de conscience, mais elles la poussent moins loin que les voies spirituelles.

Le Yoga de la Connaissance (Jñana-Yoga), système qui peut se dissoudre de lui-même

La sâdhana du Yoga de la Connaissance consiste à se demander « Qui suis-je? » et à repousser toutes les réponses qui peuvent s'élever à l'instant même dans l'unité corps-esprit. C'est la méthode du *« neti, neti »,* « ni ceci ni cela », qui est décrite dès l'époque des Upanishad (à partir du Ve siècle avant Jésus-Christ). En particulier, l'idée « Je suis quelqu'un qui pratique le Yoga de la Connaissance » doit être dissoute, et l'idée de Yoga de la Connaissance elle-même doit être dissoute également. Il s'agit donc d'un système qui se dissout de lui-même, autolytique si l'on peut dire. Il n'y a guère de systèmes de ce type dans la pensée occidentale, si ce n'est la théologie apophatique, qu'on appelle aussi « théologie négative ».

A-t-on besoin en psychologie de s'appuyer sur un système détaillé? Pour clarifier la question, il me semble important de savoir d'abord ce qui, dans cette matière, est du ressort de la science, et ce qui est du domaine de l'art. En étant schématique, on peut dire que la psychothérapie est du domaine de l'art tandis que le diagnostic, la psychopathologie, la description des signes des maladies et de leurs causes supposées, la psychologie expérimentale, sociale, etc., forment une science. A mon sens, le centre de la psychologie est l'art de la thérapie, et le reste pourrait être dénommé « péripsychologie ». La psychologie a trop souffert d'un complexe d'infériorité vis-à-vis de la science, qu'elle a essayé de compenser en imitant gauchement ou en faisant semblant d'imiter ses méthodes.

En particulier, la création d'un vocabulaire nouveau a semblé un pas décisif pour aller dans le sens d'une psychothérapie efficace; c'est un postulat que je conteste. Dans les pays anglo-saxons, il commence à y avoir une sérieuse remise en question d'un langage technique en sciences humaines. On redécouvre le « langage du bon sens » *(common sense language)*. J'ai un ami, J. Siegfried, enseignant de psychologie à la faculté de Zurich et spécialiste de psychologie tibétaine, qui est en train de publier un ouvrage collectif sur le sujet. La psychologie introspective est un domaine très particulier où la notion d'objet, présupposée évidente par les sciences exactes, est en fait insaisissable. La création d'un vocabulaire nouveau ressemble trop souvent à un tour de passe-passe intellectuel. On crée des notions, on s'aperçoit que l'articulation de ces notions pose problème, on discute savamment pour parvenir à résoudre ces problèmes, et l'on revient triomphant au point de départ, c'est-à-dire au fait qu'il n'y avait pas de problème... Je crois que c'était Ramana Maharshi qui comparait ce genre de compartimentation de l'esprit créé par diverses psychologies à des paravents mobiles dans une grande salle. Qu'on pousse les paravents un peu plus d'un côté ou un peu moins de l'autre ne change rien au volume de la salle. C'est vrai qu'au début, pouvoir nommer, étiqueter précisément certains phénomènes mentaux a une fonction de réassurance non seulement pour le patient, mais aussi pour le thérapeute. Mais ce qui est utile au début devient encombrant par la suite; les étiquettes collent. De plus, l'usage de termes pseudo-techniques a l'avantage parfois de servir de mot de passe entre certains membres d'une même chapelle intellectuelle, afin qu'ils puissent se reconnaître...

Le grand risque d'un système, c'est qu'il a une tendance irrépressible à se fermer sur lui-même. Le cas le plus typique est celui de psychanalystes consciencieux qui ne peuvent s'empêcher de penser au fond d'eux-mêmes, lorsque leurs idées sont critiquées : « Si mon interlocuteur n'est pas d'accord avec moi, c'est qu'il a des résistances. » Je suis étonné que des gens intelligents, par ailleurs, puissent se laisser enfermer sans résistance, c'est le cas de le dire, dans un tel paralogisme, et chercher également à y enfermer les autres *.

Ce qui, à mon sens, affaiblit la validité des systèmes d'interprétation de l'esprit, est qu'ils sont tous vrais. « Tout est dans tout », le cerveau a une structure holographique, comme l'a exposé par exemple Karl Pribram. Il y a un reflet d'une partie donnée dans chacune des autres parties du tout. En clair, on pourra déceler dans chaque mouvement psychique des traces de volonté de puissance, d'archétype universel, de sexualité, de trouble psychosomatique, de blocage énergétique, etc. C'est un fait d'expérience quand un mental affiné s'observe lui-même.

Les paires de contraires et leur résolution dans l'unité

La solution de la psychologie spirituelle hindoue me semble plus holistique que celle de la psychologie occidentale : la

* Plus profondément, il faut distinguer un système qui est fondé sur la transcendance de celui qui ne l'est pas.

première apprend à voir l'absolu, qui s'appelle le divin ou le Soi, c'est-à-dire le Tout, dans chacune des parties de l'univers, des objets ou des êtres animés. Ce n'est plus un élément du système psychique qui s'y reflète. C'est cette vision qui me semble la plus proche de la conception holographique du cerveau telle qu'elle a été développée récemment.

La psychologie occidentale de notre siècle s'est flattée de démasquer l'hypocrisie sociale et religieuse en mettant à jour, derrière des comportements vertueux, des entrelacs de pulsions qui l'étaient moins, en mettant en valeur l'« ombre ». Cette idée est très présente dans la tradition indienne, bien qu'évidemment exprimée en d'autres termes. Il s'agit des *dvandas,* les paires de contraires. Celui qui s'accroche au bien en ne voulant plus voir le mal n'est qu'à un extrême de l'oscillation du pendule entre bien et mal; le sage, lui, est *dvandatitam,* au-delà des paires d'opposés.

Il y a eu des systèmes psychologiques complexes en Inde aussi; ils ont leur valeur : la psychologie du bouddhisme theravâda, la psychologie tantrique. Mais cela ne veut pas dire qu'elles soient forcément meilleures que d'autres psychologies spirituelles plus simples. Pour prendre la comparaison de l'histoire de l'art, il n'y a pas lieu de dire que la complexité du style flamboyant ou baroque est meilleure ou pire que la relative sobriété du style Renaissance ou néoclassique. De même en musique, la composition la plus complexe ne sera pas nécessairement la plus belle.

Il me semble clair qu'un mystique authentique, même s'il a employé une technique extrêmement simple comme le *mantra,* sa vie durant, a plus de force psychique qu'un professionnel de l'art, même s'il n'a pas un vocabulaire technique très développé. A ce propos, le passage de Mâ Amritânandamayî, en 1989, à la chapelle de la Salpêtrière à Paris, m'est apparu comme un événement riche de symboles. Il s'agit d'une mystique indienne n'ayant pas reçu d'éducation intellectuelle et qui a été considérée comme folle par sa famille à certains moments de sa sâdhana. Mais elle transmet une qualité d'amour que je n'ai jamais vue, je dois l'avouer, chez un psychothérapeute même doué. Au fond, ce n'est peut-être pas le rôle de ces derniers. Et pourtant, l'amour donné par quelqu'un de réellement spirituel n'est-il pas la racine de la guérison? Et c'est sans doute ce qui a amené entre cinq cents et mille personnes à venir la rencontrer – à l'endroit même où Charcot et Freud, dans l'enthousiasme de leurs trouvailles, avaient cru pouvoir tout expliquer par l'hystérie. Il serait naïf de penser que l'évolution des choses est univoque, surtout lorsqu'il s'agit d'un domaine aussi subtil que celui du développement de l'esprit.

On pourra m'objecter que rejeter les systèmes explicatifs lourds de la psychothérapie est une solution de facilité, le fait de quelqu'un de paresseux qui n'a pas trop envie de se fatiguer. Mais je pense, au contraire, qu'on a besoin d'un dynamisme beaucoup plus grand pour se maintenir au-delà des systèmes que pour tomber dans l'ornière de l'un d'entre eux. La tranquillité extérieure de celui qui n'a pas de système est pareille à la toupie qui, bien que tournant à grande vitesse, semble immobile.

L'ultime objectivité, au-delà du vertige des mots

L'objectivité, la neutralité parfaite n'existent pas en psychothérapie. Certains auteurs, comme Milton Erickson et ceux qu'il a influencés, ont eu l'honnêteté de le reconnaître et de faire avec. Beaucoup de gens pensent que plus ils multiplient les instruments d'analyse du fait psychique, plus ils se rapprochent de l'objectivité. Mais ce présupposé selon lequel « plus on en sait intellectuellement, mieux c'est » me semble discutable. J'ai rencontré par exemple à Bénarès un professeur d'une université étrangère qui était trois fois docteur : docteur en psychologie, en philosophie indienne et en théologie. Je me suis dit que ce serait intéressant de discuter avec lui; mais au bout d'une ou deux heures d'entretien, je me suis aperçu qu'au lieu de voir les choses à travers une paire de lunettes psychiques, comme le font la plupart des gens, il le faisait à travers trois paires empilées l'une sur l'autre; ça ne rendait pas sa vue plus claire.

Si un psychothérapeute souhaite devenir plus transpersonnel, il devrait se méfier avant tout du vertige des mots. Les mots sont un organe de la pensée, ils servent bien leur fonction quand ils ne dépassent pas leur limite d'action. Mais parfois les cellules des mots se mettent à proliférer sans contrôle et à envahir l'organisme psychique en entier : certains thérapeutes en arrivent à être atteints d'un cancer des mots au stade terminal; c'est difficile à récupérer.

Les auteurs en psychologie sont tellement attachés à la distinction, à la fragmentation de la pensée qu'ils en font des oublis significatifs : Piéron dans son *Vocabulaire de psychologie* omet de faire une rubrique « psychisme »; dans le *Vocabulaire de la psychanalyse* de Laplanche et Pontalis, le mot « bonheur » n'est pas recensé. Oubli ou refoulement? L'attitude du maître spirituel en Inde se départit nettement de la conception « éclatée » de la psychologie occidentale. Je me suis aperçu que sa fonction était souvent d'indiquer au disciple non pas ce qu'il devait apprendre, mais plutôt ce qu'il n'avait pas besoin d'apprendre ou ce qu'il pouvait oublier dans son itinéraire vers la réalisation spirituelle. Des Occidentaux peuvent parfois penser que le maître spirituel est coupable de mégalomanie, dans la mesure où ses disciples lui font une réputation d'omniscience. Ramana Maharshi, auquel on demandait s'il savait directement tout ce qui se passait, répondit : « Je sais tout ce que j'ai besoin de savoir. »

Tout le monde est attiré par l'unité : les amoureux rêvent d'unité physique et affective, les intellectuels d'un grand système unitaire qui pourrait tout inclure d'une vision holistique du monde. Mais en admettant qu'on le découvre, il faudrait se demander dans quoi ce système serait lui-même inclus? Si cette question devient une pratique de méditation, elle représentera un Yoga de la Connaissance et pourra mener à une perception directe de l'unité spirituelle. A ce moment-là, on aura moins besoin de se rabattre sur le plan intellectuel pour compenser son manque de sens concret de l'unité au plan spirituel.

Le besoin d'unité est une force qui n'est ni bonne ni mauvaise en soi. Si elle n'est pas sublimée, elle peut favoriser une régression psychotique. Notons en passant que l'aspect pathologique, douloureux, de la psychose, vient surtout de l'alternance rapide du besoin de s'unir et du besoin de rejeter : c'est cette ambivalence constante qui fait souffrir. La recherche d'unité, pour devenir spirituelle, doit être sublimée, et cela demande beaucoup de conscience et de pratique. C'est pour ne pas retarder indûment l'accession à cette conscience de l'unité que les maîtres spirituels ne dressent pas à leurs disciples la liste des effets secondaires fâcheux de la pratique; cela créerait une suggestion négative dans un domaine, celui de l'esprit qui s'observe lui-même, qui est hautement accessible à la suggestion. Il est suffisant que le gourou démêle les problèmes quand ils se posent et ne fasse pas ruminer par l'intellect du disciple toute une série de problèmes qui, sans doute, ne se poseront jamais en pratique.

Aspects thérapeutiques de la transe et de l'hyperventilation dans la tradition indienne

On peut établir un parallèle légitime entre les thérapies émotionnelles et la transe. Quelle est la position de cette dernière dans l'ensemble des pratiques que propose la tradition indienne? La transe thérapeutique, sorte de réaction psychotique transitoire ou historique, peu importe les termes, a prouvé sa valeur comme technique de déblocage et instrument d'action de cas psychiatriques parfois lourds; mais est-ce pour cela qu'on doit en faire une panacée universelle? En particulier, est-ce que son efficacité à court terme implique qu'elle puisse remplacer à long terme les différents types de méditation?

La transe est toujours un traitement répandu au niveau populaire en Inde. Au temple de Balaji, près de Delhi et d'Agra, il y a quotidiennement des guérisons accompagnées de convulsions et d'états émotionnels intenses. Tous les ans, lors d'une nuit de novembre, il y a près de Bénarès une réunion de plusieurs milliers de personnes qui entrent en transe individuellement en invoquant les pouvoirs thérapeutiques de la déesse. Dans le domaine religieux, la transe a trouvé sa place au sein de la voie dévotionnelle *(bhakti).* La transe devient alors un moment d'intensification particulière de la concentration sur la divinité qui est censée être constante, grâce à la récitation du *mantra.* Elle atteint son sommet dans le Mahâbhâva, « la grande émotion », où le fidèle est atteint de différents symptômes qui peuvent sembler pathologiques à l'entourage, mais qui sont reconnus par ceux qui ont étudié les textes. C'est parce qu'il avait présenté tous les signes du Mahâbhâva que Râmakrishna a été reconnu par la Bhairavi Brahmini d'abord, puis par une assemblée de pandits (spécialistes religieux).

L'étude de certaines hymnes à Kali montre combien l'évolution du Yogi peut être parsemée de thèmes périnataux fondamentaux : alternance d'oppression angoissée et de libération sereine, sentiment d'être écrasé, broyé de manière injuste, puis de s'en sortir [18], et évoque certainement les idées de Mélanie Klein sur le clivage bonne mère/mauvaise mère. Le gourou est considéré dans les Vedas comme une mère, qui prend trois jours le disciple en son sein, lors de l'initiation. De manière générale, la tradition indienne est saturée de thèmes de naissance revécus émotionnellement grâce à la dévotion très répandue à la déesse mère. Cette dernière associe la plupart du temps à son aspect protecteur un aspect terrible : peut-être y a-t-il là un souvenir du passage difficile de la naissance.

Malgré ces éléments, il faut reconnaître que la transe reste assez nettement séparée du processus du Yoga et de la sâdhana classique. Il semble que ceux qui recourent à la première n'aient pas l'intérêt, ou la capacité, de pratiquer la seconde. Je pense qu'il y a plusieurs facteurs pouvant expliquer cette prudence des gourous classiques face à la transe : déjà la conscience claire que les expériences intérieures les plus spectaculaires ou intenses émotionnellement ne sont pas nécessairement les plus libératoires à long terme. Si l'on a obtenu une transe en se forçant soi-même, « à l'arraché » si l'on peut dire, il risque fort d'y avoir une réaction d'inhibition, de conditionnement aversif dans une zone de la psyché par la suite. Cette inhibition a un aspect positif, en ce sens que certains symptômes effectivement ne reviendront plus. Mais l'aspect négatif des choses, c'est que cette zone de la psyché restera paralysée à long terme parce que associée à des émotions extrêmes et déplaisantes comme les vomissements, les convulsions, la suffocation, etc. C'est là l'ambivalence des phénomènes cathartiques.

Il me semble que Farid-ud-Din Attar pouvait faire allusion à ces abréactions violentes dans l'une de ses histoires : « Un ascète va dans le désert et s'installe sous l'un des seuls arbres de la région. Il médite pendant dix ans sans aucun résultat; un jour, une colombe se pose sur la branche et lui dit : " Je sais pourquoi tu ne réussis pas... C'est qu'un jour, tu as trouvé un miroir qui brillait sur le sol; tu l'as pris et tu as vu un homme avec une barbe et tu t'es mis à dire : ' O la jolie barbe! Que cette barbe peut être belle! ' C'est à cause de ta barbe que tu n'as pas réussi! " A ce moment-là, l'ascète explose; il se met à arracher sa barbe par touffes entières en s'adressant à elle à grand renfort de cris : " J'en ai assez de toi; c'est tout ce que tu mérites! " La colombe éclate de rire et s'envole en disant : " Maintenant, ta barbe, tu vas y penser dix fois plus fort! " »

Le sahaja samâdhi, état de réalisation dans la vie ordinaire

En dehors des thérapies de déblocage, y a-t-il un intérêt à aller jusqu'à l'extrême de la souffrance? N'y a-t-il pas derrière cela un élément de masochisme, d'autopunition, reflété par l'adage américain *« No pain, no gain »* « pas de douleur, pas de gain »? Dans un langage plus yoguique, on pourrait dire que la transe revient à un éveil forcé de la *Kundalinî;* cela n'est pas très conseillé dans les sâdhana, à part dans le tantrisme qui est considéré comme une sâdhana risquée. Mâ Anandamayî disait : « Le corps est comme le papier qui entoure un cadeau; il faut le déplier délicatement pour ne pas le déchirer. » Il me semble que l'on peut dire la même chose des émotions, surtout dans leur traitement à long terme. Je trouve que les ouvrages sur les thérapies émotionnelles sont trop discrets sur les effets secondaires à distance de leurs méthodes; pourtant, ce n'est pas une honte d'en parler; en médecine par exemple, quand on parle d'un médicament puissant, on a en général une liste d'effets secondaires non négligeable. Peut-être que les patients eux-mêmes sentent spontanément qu'il ne s'agit pas de techniques à pratiquer pendant longtemps, et que les seuls qui les poursuivent sont les thérapeutes ou les fondateurs de méthodes dans un but de recherche, et encore, ce n'est pas sûr!...

On peut se demander aussi si la mode, en thérapie, des abréactions violentes n'a pas été favorisée par une société elle-même violente. Pour clarifier le débat sur la transe, il pourrait être utile de distinguer entre transe dure et transe douce; la première correspondrait à la « dépossession » spectaculaire de gens peu susceptibles de s'engager par ailleurs dans une pratique spirituelle de fond, la seconde correspondrait au samâdhi des Yogis qui est un état d'intériorité complète, dépourvu en général de manifestations spectaculaires.

En Inde, le prânâyâma, qui inclut les techniques d'hyperventilation, est utilisé dans la thérapie par le Yoga. Ceux qui pratiquent une sâdhana à long terme ne l'utilisent que peu; ils préfèrent l'observation du souffle, sans aucune action dessus; cette technique, on ne peut plus simple, est très répandue dans le bouddhisme également, où elle s'appelle satipatthâna. J'ai pratiqué le prânâyâma pendant plusieurs années, et maintenant je pratique l'observation du souffle. Dans mon expérience, le prâyânâma est plus spectaculaire au début : il fait expérimenter, sans l'ombre d'un doute, la possibilité de modifier son état mental, ce qui est une prise de conscience essentielle quand on veut commencer un travail sur soi; mais par la suite, le prânâyâma, qui n'est que le troisième des huit niveaux du Yoga de Patanjali, donne trop l'habitude d'une action rigide sur soi-même; et quand on pratique longuement l'observation pure du souffle, on s'aperçoit que ce qui agit répétitivement sur ce dernier en l'empêchant d'être libre, d'être lui-même, c'est l'ego. Pour discuter des effets d'une hyperventilation à long terme, il faut aussi rappeler que le Yoga et la méditation authentique ne consistent pas à se précipiter sur l'expérience la plus forte, la plus extrême le plus vite possible. Il faut apprendre à discriminer entre expérience spirituelle et un niveau subtil d'orgasme, cela prend du temps. L'état que le Yogi recherche est le sahaja-samâdhi, c'est-à-dire l'état de réalisation dans la vie ordinaire. Ramana Maharshi mettait en doute ce fait que, lors de la réalisation spirituelle, on voit une « lumière plus brillante que mille soleils », comme le disent certaines Écritures sacrées hindoues. Dans le sahaja-samâdhi, on peut à peine parler d'état altéré de conscience. Ce samâdhi reste un état subjectif difficile à individualiser sur un EEG. En faisant ces remarques, je ne veux pas minimiser le rôle de l'expérience dans la sâdhana yoguique : de fait, cette dernière n'est qu'expérience; mais je voulais seulement dire qu'on n'a pas nécessairement les expériences qu'on imagine. C'est seulement quand sujet et objet ne font plus qu'un, dans la Réalisation, que la notion d'expérience et la dualité qu'elle implique s'effacent.

Le Yoga, la psychothérapie et la consommation des conflits intimes

On a parlé de matérialisme spirituel; je pense qu'il y a également un matérialisme psychothérapique; la consommation de techniques nouvelles ne fait pas nécessairement le bonheur. Il y a un conte du sud de l'Inde qui exprime joliment cette idée :

« Il était une fois un père qui avait trois fils; il souhaitait savoir quel était le plus intelligent d'entre eux pour pouvoir lui léguer son commerce. Il donne à chacun des trois fils cent roupies; à charge pour eux de trouver quelque chose qui puisse remplir entièrement une chambre. Le premier achète du coton, le second du foin, mais le père n'est pas satisfait; le troisième achète une coupelle pour une demi-roupie, de l'huile pour une demi-roupie et se procure un petit bout de ficelle; quand le père ouvre la porte, il voit la lumière de la petite lampe qui remplit la chambre et dit immédiatement à son fils : " C'est toi qui me succéderas. " » La conscience est une question de qualité, et non pas de quantité de techniques que l'on connaît.

En Inde, il n'existe pratiquement pas de psychothérapie privée; les thérapies humanistes sont franchement inconnues. Pour examiner brièvement les raisons de cet état de fait, il faut d'abord comprendre que la religion y est bien moins rigide qu'en Occident : en pratique, un gourou a toute liberté pour répondre à la demande d'aide psychologique de ses visiteurs. Il est moins lié qu'un prêtre par le dogme et un système de pensée et de discipline centralisé. De plus, dans l'esprit indien, on ne peut prendre quelqu'un en charge à vie que si l'on est renonçant, sauf exception. Par contraste, le psychothérapeute est vécu comme quelqu'un de moindre pouvoir; les candidats disciples savent que le gourou est en eux, ils ont une technique de méditation; ils n'éprouvent pas si fort ce besoin qu'ont les Occidentaux d'aller parler des centaines d'heures à quelqu'un de leurs conflits intimes. Il y a une aide qui passe de gourou à disciple, mais de manière directe, par le fait d'être proche pendant quelque temps du gourou, ou par avis bref reçu de ce dernier. Les Indiens savent par tradition que la voie de l'intériorité mène quelque part et qu'elle doit être suivie en solitaire pour l'essentiel.

Après ces cinq ans passés en Inde, si l'on me demandait de dire brièvement quelles sont les principales différences entre psychothérapie et voie spirituelle, je soulignerais les points suivants : tout d'abord, la notion de temps; il y a une réelle différence d'échelle entre un psychothérapeute qui a travaillé pour de bon sur lui-même pendant quelques centaines d'heures, même s'il continue à s'auto-analyser parfois entre deux consultations, et un Yogi qui a fait une sâdhana soutenue sa vie durant. La différence pourrait être illustrée par l'expression de Guy Claxton, psychothérapeute et pratiquant bouddhiste : « Le thérapeute voit les problèmes, le gourou voit à travers eux [19]. »

Une seconde différence réside dans l'aspect altruiste et transcendant des voies spirituelles. Une troisième différence tient au point de départ : psychopathologie pour la thérapie, perfection du Soi, de la nature propre, etc., pour les voies spirituelles. La différence de résultat entre les deux orientations se fait surtout sentir à long terme. Ayant moi-même l'expérience d'être un thérapeute, je sais qu'il n'est pas si facile, après une journée de consultation, de se souvenir clairement de ce qu'est l'esprit normal. En psychologie, le pouvoir maximum est le pouvoir thérapeutique, en spiritualité, c'est la libération; cela change l'ambiance dès le début.

Une autre différence est peut-être plus subtile à saisir. La psychothérapie, comme l'Inde védique, est marquée par l'idée habituelle de progrès et de résultat : plus on fait de thérapie, ou de sacrifices, mieux cela ira. Les voies spirituelles apportent la notion d'immédiateté de la grâce, ou de la réalisation du Soi; cette ouverture vers l'instant éveille des énergies psychiques que la psychothérapie ne soupçonne pas. La psychothérapie est utile pour un travail de « déblayage ».

Une transformation profonde de l'esprit humain est une œuvre qui n'est pas facile, même si on prend le temps. Lowen, le fondateur de la bioénergie, le reconnaissait, avec une humilité qu'on saura apprécier : « Quand je me reporte en arrière, à ces années d'enthousiasme et d'excitation, je réalise qu'il était naïf de s'attendre à résoudre les problèmes profondément structurés de l'homme moderne facilement, par quelque technique que ce fût [20]. »

En résumé, je pense qu'il faut savoir être prudent et qu'il ne faut pas prendre des analogies de forme et d'expression entre psychothérapies et voies spirituelles pour des identités : un tour de spirale à la base peut ressembler à un tour de spirale au sommet, mais les deux ne sont pas pour autant au même niveau.

La pratique de la méditation : à la découverte de sa propre psychologie spirituelle

En faisant une petite enquête parmi les thérapeutes censés être intéressés par l'Inde, j'ai été étonné de voir qu'il y en avait peu qui prenaient le temps de méditer quotidiennement. Évidemment, il y a les problèmes de temps quand on doit assumer une clientèle, une famille et des réunions de sociétés savantes... Mais je pense qu'on peut consacrer un certain temps chaque jour à la méditation et faire par ailleurs ce qu'on a à faire : la pratique n'est pas réservée aux moines dans leur grotte.

Si le thérapeute a particulièrement besoin de la méditation, c'est qu'il est exposé quotidiennement à la souffrance, aux complications d'esprit des gens. Il médite non seulement pour lui-même, mais pour ses patients et son entourage. De plus, il a besoin de retrouver son « jardin secret », de retrouver une approche de l'esprit qui soit la sienne propre, et qui puisse être différente de celle qu'il conseille à ses patients. Une bonne méditation est exactement adaptée à ses besoins, qui ne sont pas nécessairement ceux des autres.

A mon sens, les thérapeutes attendent trop de nouvelles recettes de thérapie; jusqu'à quand demeureront-ils dans l'impression illusoire qu'il y a quelque chose d'essentiel qui pourrait venir d'en dehors d'eux-mêmes? Quelqu'un de mûr spirituellement saisit le sens de la phrase des Pères du désert : « Assieds-toi dans ta chambre, et elle t'enseignera tout ce dont tu as besoin. » Mais peut-être que ce précepte simple ne devient effectif que lorsqu'on l'a entendu d'un maître spirituel...

Il est important que le thérapeute ait, jour après jour, un temps de vacuité où il puisse laisser tomber son masque de thérapeute; je sais par expérience que c'est un masque qui colle particulièrement bien à la peau. Certes, il est délicat de se retrouver certains jours en face de problèmes qu'on avait fait semblant d'avoir résolus depuis longtemps dans son discours aux patients; de plus, tout le monde a un besoin de reconnaissance : en Inde, la pratique de la méditation valorise le disciple aux yeux du gourou; comme les thérapeutes souvent ne reconnaissent pas de maître spirituel, ou n'ont qu'un rapport lointain avec lui, ils vont satisfaire leur besoin de reconnaissance en participant à des réunions de thérapeutes... Le groupe représente, il est vrai, un soutien, mais c'est aussi une dépendance et un nivellement possible sur un plan moyen, trop moyen.

La grande difficulté en méditation, c'est l'absence de points de repère; il s'agit d'opérer un travail de fond dans un milieu intérieur qui est flou. Par rapport à ce flou, l'action sous toutes ses formes, l'action joliment quantifiable, est rassurante : nombre de clients vus par semaine, nombre d'ouvrages lus, nombre de pages écrites. Certains disent que la méditation bloque la spontanéité et qu'il suffit d'être conscient dans tous les actes de la vie; mais c'est justement parce qu'il est difficile d'être conscient que la méditation prend toute sa valeur. On dit aussi que la vie est un gourou; c'est vrai, mais c'est grâce à la méditation que l'on peut devenir un disciple de cette vie d'une manière vraiment digne. Il est vrai que des fidèles qui sont dans la compagnie concrète d'un maître spirituel peuvent se passer de méditation pendant quelque temps et faire de grands progrès. Mais si l'on n'a pas de maître spirituel ou si ce dernier est loin, la méditation est le moment privilégié pour se relier au maître intérieur *.

La nécessité du retour au centre est bien exprimée par l'histoire de l'homme un peu simple d'esprit qui est à quatre pattes devant sa maison, parce qu'il avait perdu sa clé. Un voisin passe et se propose de l'aider. Après une longue recherche sous le soleil de midi, le voisin demande : « N'as-tu vraiment aucune idée de l'endroit où tu aurais pu perdre ta clé?

– Mais si, je l'ai perdue à l'intérieur!

– Pourquoi ne l'as-tu pas dit plus tôt?

– Parce qu'à l'intérieur, il fait si sombre alors qu'à l'extérieur, il fait si clair! »

* En insistant sur la méditation, je ne veux pas dire que tout le monde soit capable de la pratiquer intensivement, ni qu'elle représente un chemin de roses. Les roses ont leurs épines, la voie est, comme dit une Upanishad, « étroite comme la lame du rasoir ». Les difficultés propres à la méditation s'éclaircissent quand on étudie sérieusement, c'est-à-dire pratiquement, une voie spirituelle donnée. Il n'en reste pas moins que la méditation représente la voie royale vers la maturité intérieure, vers cette intériorisation qui inclut l'univers.

5.

Folle sagesse

Heurs et malheurs de l'expérience intérieure

POURQUOI, parmi les quelques-uns qui osent plonger à l'intérieur d'eux-mêmes, certains aboutissent-ils à la folie et d'autres à la sagesse? Pourquoi la fermentation intérieure produit-elle du vin chez les uns et du vinaigre chez d'autres? Pour clarifier ces questions, je me référerai, sous le terme de folie, à une forme typique : la bouffée délirante aiguë, c'est-à-dire un accès de quelques semaines avec irruption brusque d'hallucinations et de bouleversements émotionnels dans une sorte d'état de rêve éveillé (onirisme). Ces épisodes s'atténuent, parfois pour disparaître sans laisser de traces, parfois pour revenir. Dans un quart des cas, le délire s'installe de manière chronique, et l'on parle alors de schizophrénie.

Les sujets qui manifestent ces accès ont souvent, mais pas toujours, une tendance à l'introversion particulière qu'on appelle schizoïdie. Ce sont des adolescents et des adultes jeunes, aux capacités intellectuelles et artistiques en général supérieures à la moyenne. Si j'établis, dans ce chapitre en particulier, des analogies entre des épisodes délirants et des événements d'une cure psychothérapique ou d'un itinéraire mystique, cela ne signifie pas que je les mette sur le même plan : comme nous l'avons dit, les tours de spirale peuvent se ressembler, mais ne sont pas au même niveau. Un mystique authentique cherche la stabilisation de ses expériences des sommets *(peak experiences)* en un « plateau », si l'on peut dire, de conscience et de bonheur unifiés. Même si cet état n'inspire pas nécessairement les « poètes maudits » qui préfèrent décrire leurs bouleversements émotionnels, il n'en reste pas moins un bon signe de succès d'une évolution intérieure [21].

Début de schizophrénie et tendance mystique

J'ai déjà abordé dans le premier chapitre différentes caractéristiques de l'état schizoïde : la rêvasserie prolongée sans capacité de concentrer l'esprit sur un sujet donné et l'anxiété, ainsi que l'insomnie, qu'elle entraîne. La solitude n'est pas pathologique en soi, de nombreux penseurs et créateurs ont bénéficié de périodes de solitude. Or, le sujet schizoïde n'en bénéficie pas; ceci peut être dû à un contexte familial qui s'y oppose ou qui considère cela comme « de la folie ». La famille sent que l'adolescent lui échappe, en conçoit de la colère et plutôt que de comprendre ce mécanisme, préfère projeter sur le sujet son agressivité en le traitant de fou. Cette projection négative augmente la peur de la folie chez le sujet et peut même le faire basculer complètement dans le délire.

Dans l'hindouisme, un adolescent qui souhaite plonger en lui-même a un vaste éventail de modèles identificatoires possibles, depuis l'ascète ou le « fou de Dieu » errant jusqu'aux Swami de grandes institutions qui allient une recherche intérieure à un désir d'action sociale. Dans le catholicisme, le schéma du mystique est plus rigide : on lui demandera le plus souvent de se soumettre à une discipline normative stricte dans une communauté cloîtrée, et ce n'est pas un projet qui tente nécessairement un adolescent « en recherche ». Les sujets schizoïdes qui tentent de plonger en eux-mêmes ignorent la nécessité d'un fil directeur pour explorer le mental. Ce fil directeur pourrait être un *mantra,* l'observation du souffle, de la posture ou la référence constante au thérapeute ou au maître spirituel.

Avec la multiplication des stages intensifs de pratiques

psychothérapiques soutenues ou de méditation prolongée, il y a le risque d'une expérience délirante qui peut souvent se remettre d'elle-même, mais qui peut aussi se prolonger ou se développer. Cela est dû principalement à la suppression brusque des facteurs de relaxation et de détente de la vie ordinaire : peu de sommeil, nourriture réduite ou jeûne, non-activité sexuelle, pas de conversations et donc pas de rire; cela amène à faire face à son inconscient. Certaines personnes peuvent ne pas tenir le coup. Le psychothérapeute ou l'enseignant de méditation doit avoir une attitude responsable et être capable de faire face, de s'occuper de ce genre de perturbation, même après la fin du stage. Les Occidentaux aiment bien ces séminaires intensifs, car cela correspond à leur style de vie éclatée où l'on multiplie les expériences, pas toujours de manière très cohérente.

On peut rapprocher ces plongées trop rapides dans le monde intérieur des « mauvais voyages » *(bad trip)* des toxicomanes. L'expérience qui aurait pu sembler mystique tourne au vinaigre par manque de préparation. Dans le meilleur des cas, les sujets comprennent, au décours de ces épisodes, la nécessité de suivre une voie régulière de méditation pour retrouver et développer le meilleur de ce qu'ils ont entrevu sous l'effet des drogues [22, 23].

Une voie spirituelle est un chemin pour la vie, et trop de hâte peut nuire. Un stage intensif ne devrait être entrepris qu'avec une motivation réelle, et non pas par simple curiosité ou pour accompagner des amis. S'il est préparé par une pratique quotidienne de l'intériorisation, il présentera moins de risques d'accidents psychopathologiques. Les Orientaux également font des retraites intensives, mais ces dernières ne surviennent pas ex nihilo. Elles émaillent une évolution sur une voie donnée, la plupart du temps sous la direction d'un maître spirituel.

On ne peut aborder le thème de la folie et de la sagesse sans parler de la question délicate de ces personnes dont le niveau spirituel n'est pas particulièrement brillant mais qui sont intimement persuadées d'être « réalisées » : c'est une sorte de « mégalomanie douce » qui a toujours existé, un peu en Inde, mais plus en Occident où elle est devenue une sorte d'épidémie dans le mouvement du Nouvel Age. Le phénomène n'est pas nouveau. Vivekânanda raconte, dans sa correspondance, que lorsqu'il est venu en Occident, il a rencontré bon nombre de personnes qui étaient convaincues d'avoir obtenu la réalisation spontanément, sans aucune pratique ni maître spirituel. La différence entre ces deux types de réalisation est qu'on parle encore de Vivekânanda, alors que ses visiteurs « réalisés » ont disparu sans laisser de trace. Comme la culture spirituelle est peu développée en Occident, les gens ont tendance à prendre une expérience intérieure des débuts pour la réalisation finale. Il y a une histoire à ce propos qu'on retrouve à la fois dans le Talmud et chez Râmakrishna : « Un paysan qui n'était jamais venu à la ville veut présenter une requête au roi; quand il arrive à la porte du palais et qu'il voit le garde d'honneur avec son uniforme superbe et ses longues moustaches, il lui demande : “ C'est vous, le roi? ” Au fur et à mesure qu'il pénètre à l'intérieur du palais, il pose la même question à tous ceux qui l'accompagnent. Mais quand il arrive devant le roi, il ne pose plus de questions, il sait que c'est lui. »

Pour que le voyage intérieur réussisse, il faut que le sujet soit suffisamment mûr, *adhikari* disent les hindous, et c'est pour eux une notion fondamentale. Cela ne signifie pas que l'aspirant doive être parfait, sinon il n'aurait pas besoin de s'engager dans une pratique. Cela signifie qu'il doit adhérer à certains principes de la manière la plus complète possible, s'il veut faire une période intensive d'intériorisation, et de manière plus adaptée à la vie courante, s'il vit dans le monde. Dans le Yoga, on parle de dix observances qui permettent que l'énergie éveillée par la pratique soit dirigée vers le but, c'est-à-dire vers l'éveil spirituel. Elles sont, au sens propre du terme, des « garde-fous ». Il est intéressant de regarder comment leur négligence peut transformer une expérience qui avait bien débuté en un « mauvais voyage ».

Nous allons considérer parmi ces règles trois d'entre elles qui nous semblent importantes :

1) La non-violence *(ahimsâ) :* le retrait du sujet schizoïde se fait dans un contexte de conflit, nous l'avons vu. Cela engendre chez lui la culpabilité de s'isoler, culpabilité qu'il projette sous forme de colère contre son entourage qui l'empêche de s'intérioriser comme il le voudrait. Il y a là un cercle vicieux qu'il doit rompre en dépassant la colère. Traditionnellement, on demande à ceux qui veulent s'explorer eux-mêmes de prier pour les autres, de se centrer sur l'idée que le travail qu'ils effectuent sur eux-mêmes aide l'humanité tout entière, ce qui est exprimé dans le bouddhisme mahâyâna comme l'offrande des mérites, dans le catholicisme, par la communion des saints. Dans le cas des intellectuels qui ne croient qu'à la psychologie, le fait de « rentrer en psychanalyse » comme on entre dans les ordres peut avoir une fonction analogue. Il y a un aspect altruiste implicite, puisque les analysants sont en général convaincus de participer au grand mouvement de promotion de la conscience dans la société moderne. De plus, la culpabilité née de « l'égoïsme » de vouloir passer un petit peu de temps avec soi-même est effacée par l'effet autopunitif et expiatoire du paiement des séances...

2) Le non-mensonge *(satya) :* nous avons vu que le délire est lié à un doute profond du sujet sur ses propres émotions, ses propres sensations. Cela semble venir du fait qu'il a été soumis à des messages contradictoires, à un double lien *(double bind)* de la part des parents : les écoles de thérapie familiale disent que le fait de mettre répétitivement un enfant en face de paradoxes est pathogène; par exemple, lui envoyer une claque et lui dire en même temps qu'il est un gentil garçon, ou lui faire une caresse en lui disant qu'il mérite d'être puni sévèrement. Une variété de « mensonge » plus ou moins inconscient survient quand un des parents est très intéressé par l'esprit : psychologie, mystique, occultisme, et fait semblant

de tout savoir; il veut imposer sa manière de sentir, ses interprétations, voire ses expériences à l'enfant; comme celui-ci ne peut renoncer à cette relation parentale qui est vitale à son âge, il se met à douter profondément de lui-même, et cela crée la base d'un délire à l'adolescence, s'il y a des facteurs favorisants qui viennent s'y ajouter. De la part des parents comme des enfants, l'habitude de dire ce que l'on pense, ou de se taire s'il l'on pense des choses blessantes, crée une unité entre le monde intérieur et le monde extérieur et représente la meilleure prévention du délire.

3) Le contrôle sexuel *(brahmacharya) :* je me souviens d'un patient, étiqueté schizophrène, qui m'a exprimé de manière très claire la méthode du Yoga : il voulait faire en sorte que l'énergie de sa conscience, qu'il sentait se diriger en bonne partie vers le bassin et la zone sexuelle, remonte et soit ressentie au niveau des épaules et de la tête, pour lui permettre de se stabiliser dans un état paisible et lumineux où il aurait une capacité de voir clairement et de résoudre ses problèmes. Son intuition correspondait à la notion tantrique traditionnelle de montée de l'énergie intérieure *(Kundalinî),* mais il n'avait ni la persévérance ni le savoir-faire pour la mener à bien. Il s'agit d'une évolution de longue haleine, plus facile à décrire qu'à réaliser. L'auto-érotisme est pratiquement constant chez le sujet en bouffée délirante aiguë. Cela limite le champ de son exploration intérieure en l'enfermant dans une compulsion de répétition d'autant plus puissante qu'elle est associée à un plaisir qui entretient le conditionnement.

Certains pensent que pour atteindre le but, c'est-à-dire un état de conscience complète, stable, heureuse et indépendante du désir, le meilleur moyen est de satisfaire ses désirs pleinement, tout en restant conscient. C'est une idée qui est attirante pour la plupart, car elle flatte l'instinct de consommation solidement ancré en tout être humain. Le seul problème, c'est qu'elle ne marche pas à long terme, le désir agissant par nature comme une drogue et aveuglant la conscience. Une bonne analogie de ce phénomène est l'abeille qui voit une fleur à travers la vitre et qui se cogne sans cesse, jusqu'à en mourir, pour essayer de l'atteindre directement. Elle ne pense pas à reculer un peu, et à passer par la porte qui était restée grande ouverte.

Râmakrishna, et d'autres gourous après lui, racontent l'histoire du disciple qui avait très envie de sucreries et s'en sentait coupable. Un jour, son gourou lui en fait manger plusieurs kilos, et il en est dégoûté à vie. C'est un système qui peut marcher chez un aspirant spirituel qui éprouve facilement une grosse culpabilité, mais la situation est inverse chez l'homme ordinaire : il tourne en rond dans le cercle auto-entretenu des désirs et des satisfactions pour s'apercevoir au bout de quelques dizaines d'années qu'au fond, malgré ses flots de paroles et de justifications, il n'est pas libéré de grand-chose.

Il y a en fait une analogie entre le sage et le débauché, les extrêmes semblent se toucher. Le débauché cherche la jouissance, le sage cherche l'essence de la jouissance, et les deux veulent tout, tout de suite : ils souhaitent, par l'intensité de l'expérience, atteindre l'éternité, arriver au pays du non-temps; mais le sage réussit à stabiliser son état alors que le débauché retombe à plat et a des lendemains qui ne chantent pas. Le mystique sera d'accord avec ce que dit Françoise Dolto reflétant l'opinion de la moyenne des gens [24] : « Le non-désir, c'est la mort », moyennant deux précisions importantes qui peuvent être formulées ainsi : « Le non-désir de libération, c'est la mort » ou aussi « Le non-désir sur le plan ordinaire, c'est la mort de l'ego » et c'est un grand bien. Je sais que ce n'est pas l'opinion de la psychologie ordinaire, mais j'expose ici les bases de la psychologie spirituelle. Cela dit, il est évident que tout le monde n'est pas mystique, et que la plupart des gens ne seront pas amenés à réfléchir sur ces mécanismes psychologiques, ou n'y parviendront que tard dans leur vie.

La psychologie spirituelle traditionnelle n'estime pas qu'il soit possible de se libérer de tous les désirs du jour au lendemain, mais elle affirme qu'il est bon d'y aspirer selon ses capacités présentes et de trouver chaque jour la tension exacte de la corde intérieure qui fait que notre instrument de musique produit le son juste. Cela correspond à l'enseignement de la plupart des sages indiens, mais ne signifie pas que tout le monde doive se retirer dans une grotte de l'Himalaya. 95 % des fidèles de ces sages mènent une existence dans le monde et ont une vie de famille, en général plus prenante qu'en Occident. Le détachement qui leur est demandé est avant tout un détachement intérieur. Faire l'action juste, sans rechercher a priori d'autres gratifications que celle d'avoir fait l'action juste.

Le génie du symptôme

On dit souvent que la folie entretient des liens directs avec le génie. Au siècle dernier, Hölderlin, Nerval, Berlioz, Schumann, Van Gogh, Nietzsche, pour n'en citer que quelques-uns, ont frôlé ou sont franchement tombés dans la folie. Il y a une sorte de symétrie entre folie et création; Daniel Pons l'a évoqué très clairement dans *Le Fou et le Créateur* [25] :

« Clou mon frère, grand fou imprégné de lumière, ta démence t'inspire : elle t'incite à créer des mondes que le vulgaire appelle " imaginaires ". Mais ces mondes, Clou mon frère, sont pour l'homme de cœur, pour l'homme sincère, des réalités aussi denses que la terre; aussi denses mais inaccessibles à l'homme ordinaire. »

J'aimerais revenir, à propos du « génie du symptôme », à la notion de morcellement que j'ai déjà abordée au chapitre I. Le sujet qui délire sent rapidement son corps partir en morceaux, ce qui ne manque pas chez lui de réveiller une angoisse fondamentale. Le sujet prétendu « normal » est aussi morcelé a minima, en ce sens qu'il y a un certain nombre de parties du corps qu'il ne peut sentir, même si on lui demande de se concentrer dessus. Ce morcellement du sujet normal se reflète en miroir dans l'esprit sous forme de dispersion. En ce sens, la « paix de l'esprit » n'existe pas. La seule paix possible est au-delà de l'esprit.

Cette dispersion est renforcée chez l'homme occidental par l'absence de rituels unificateurs et par l'abondance de messages auxquels il est soumis, ou auxquels il veut bien se soumettre. A force de vouloir « être au courant », il finit par « être en courant », ce qui ne l'aide guère pour trouver le bonheur intérieur, calme et indépendant. Il a beaucoup de mal à se concentrer, à se rassembler à l'intérieur de lui-même, il a besoin pour cela d'un référent extérieur, psychothérapeute, professeur de Yoga, etc. Il en devient quelque part dépendant. Certains essaient de pallier à cette dépendance en multipliant les personnes auxquelles elles demandent de l'aide sous forme d'animateurs de stage, etc. Cela peut être utile chez les débutants qui veulent s'informer sur diverses méthodes, mais peut mener ensuite à une sorte de morcellement mental chronique qui fait perdre de vue l'unité, but de l'évolution intérieure. Dans le morcellement schizophrénique, l'intensité des sentiments d'extase et d'angoisse ramène le psychotique à la base corporelle du mental. Esprit et corps sont simultanément vécus comme éclatés.

Mais on peut voir dans cette expérience de morcellement, souvent mêlée de sensations de vide ou d'absence du corps, un essai fruste de thérapie, la désidentification du corps aidant à dépasser l'angoisse. Si l'on considère ce « génie du symptôme », on pourra mieux comprendre le rapprochement avec l'expérience mystique. Les avantages de la désidentification sont les suivants :

– Désidentification de la douleur : les sages comme Ramana Maharshi, Râmakrishna ou Nisargadatta Maharaj ont pu supporter la grande épreuve, c'est-à-dire une maladie terminale longue et douloureuse, tout en conservant le rayonnement du bonheur intérieur et une conscience complète, puisqu'ils ne prenaient pas d'antalgiques ou de stupéfiants. Ils prouvaient par là que leur Vedanta n'était pas une simple spéculation métaphysique, mais une réalité vécue concrètement.

– Désidentification de l'anxiété : cette dernière se manifeste dans le corps; les histoires de distorsion ou d'expansion du corps sont courantes dans la biographie des saints du Bengale. L'idée de destruction menant à une renaissance est un thème mystique fréquent, illustré par exemple dans les épreuves que Tilopa, le fondateur de la lignée tibétaine des Bonnets Rouges, a fait subir à son disciple Naropa [26]. Quand cette idée est prise au sens littéral, elle mène aux déviations de l'ascétisme, violence retournée contre le corps, automutilation, etc. Quand elle est comprise dans sa signification intérieure, elle mène à la purification du mental.

En Inde, les vishnouïtes parlent du *Nâmâgni,* la purification par le feu du Nom, par la récitation du *mantra* qui détruit l'identification au corps comme les flammes du bûcher détruisent le corps lui-même après le décès. Dans la mesure où cette identification se relâche, le bonheur intérieur peut se manifester en proportion. Dans le Vedanta aussi, la désidentification du corps est un moteur essentiel de l'évolution. Ramana Maharshi disait que la voie de la non-dualité pouvait se résumer en quelques mots : « Qui suis-je? Je ne suis pas ce corps; je suis Cela » (en sanscrit *« Koham, deham naham, soham »*). Par « Cela », les hindous entendent l'Absolu, Être-conscience-bonheur. Le schizophrène comprend qu'il peut atteindre une certaine pacification de ses angoisses par le détachement du corps, mais ce détachement reste en fait très partiel. Son agressivité, sa peur, ses désirs sexuels prouvent qu'il est toujours très identifié au corps. De plus le schizophrène, comme bien des thérapeutes d'ailleurs, ne voit qu'angoisse au-delà du corps et confond une désidentification relative, intelligente et utile, avec une négation massive du corps, aveugle, voire même suicidaire; la différence est de taille. De plus, il faut distinguer également cette désidentification du corps progressive et consciente, grâce à la méditation, du rejet brutal que préconise la morale populaire ou la discipline non éclairée. Il y a une différence entre le « garde-à-vous, fixe! »

du conscrit et la stabilité du sage en lui-même, bien que, dans les deux cas, il y ait immobilité.

– La véritable désidentification du corps permet d'ébranler la base de l'égoïsme et de la colère. L'attachement au corps n'est qu'un autre nom pour l'instinct de conservation; si on le dépasse, on développe la sagesse, la compassion et un amour des autres qui est enfin objectif, n'étant plus obscurci par les projections inconscientes de l'ego. En effet, la base de l'ego est la sensation qu'on a du corps, à chaque instant. Dans la méditation du Chöd, les Tibétains offrent leur corps aux démons et à l'univers. Par là, ils font croître en eux l'esprit de don, la conscience de bodhisattva. Si l'on veut pratiquer cette méditation intensivement, il faut être guidé par un maître compétent, car il y a risque de morcellement psychotique : si on appelle les démons, ils finissent par venir... On a guéri la peur fondamentale de la dislocation quand on a réalisé que, lorsque son corps part en morceaux, l'espace « entre les morceaux » est aussi soi-même. C'est le moyen indien de se débarrasser du « noyau psychotique » qui est enfoui dans les profondeurs de notre inconscient.

La manière dont l'égoïsme et la colère sont liés à l'identification au corps et à la peur du morcellement transparaît dans un certain nombre d'expressions populaires : « Cela me coûte la prunelle des yeux », « C'est à s'arracher les cheveux », « On va lui faire cracher ce qu'il a dans le ventre », « Qu'est-ce que ce casse-tête peut être casse-pieds », « Ils vont avoir ma peau ». La tradition indienne a compris l'importance de l'intégrité corporelle comme base de l'ego. La psychanalyse y revient à sa manière en parlant, comme le fait Anzieu, de la nécessité d'avoir un « Moi-peau » et des « enveloppes du Moi » saines et sans ruptures, pour avoir un fonctionnement normal de la personnalité. Évidemment, on a l'impression qu'elle a besoin d'un langage compliqué et d'un appareillage théorique considérable pour en arriver finalement à ce qui est le point de départ du travail intérieur dans une voie spirituelle. Il est possible que la psychanalyse, et la production énorme d'écrits et de théories auxquels elle a donné lieu, soit victime de son propre gigantisme comme les dinosaures de l'ère secondaire et disparaisse bel et bien pour laisser la place à des formes de vie de la pensée plus souples et plus simples. Sur la distance qui existe entre les idéaux libérateurs de la psychanalyse et sa réalité, bien mêlée à toutes sortes de systèmes de pouvoirs, je renvoie le lecteur aux écrits de R. Castel [27] et d'A. Kieser [28].

Folie douce, folie amère et sainte folie dans la tradition

Il s'agit d'un vaste sujet, dont nous ne pourrons aborder ici que les points principaux. Il est souvent arrivé que de grandes personnalités spirituelles soient passées par des phases qui peuvent évoquer, de l'extérieur, la folie. Les éléments de cette partie seront tirés de l'étude d'A. Cahn sur les renonçants indiens et les fols-en-Christ russes [29], du livre de J. Mac Daniel sur la folie mystique au Bengale au XXe siècle [30] et de mes propres travaux sur la folie en Dieu de Mâ Anandamayî [31], sur la biographie de Krishnamurti [32] et sur le rapport entre gourou et psychothérapeute paru dans le *Journal of Transpersonal Psychology* [33].

Depuis les Cyniques de l'Antiquité et les bouffons du Moyen Age, le fou a eu dans certains cas la capacité de faire réfléchir. Saint Paul a inspiré toute la tradition du *yourodstvo,* la folie-en-Christ russe, quand il dit : « Si quelqu'un parmi vous se croit un sage au jugement de ce monde, qu'il se fasse fou pour devenir sage, car la sagesse de ce monde est folie devant Dieu » *(I Cor. 3,18-19).* Dans la tradition indienne, la folie simulée a pour intérêt reconnu de faciliter la solitude, atténuer l'ego et permettre d'exprimer l'état du sage qui est au-delà des paires d'opposés. Shankarâchârya dit dans le *Vivekachudamani :* « Le sage se comporte parfois comme un ignorant, et parfois comme un homme instruit. Il a parfois la dignité d'un grand roi, et parfois ressemble à un fou (littéralement " égaré ", *bhranta,* qui peut aussi signifier l'erreur fondamentale dans le Vedanta, consistant à ne pas percevoir l'Absolu qui imbibe pour ainsi dire le monde manifesté). »

Érasme, quand il fait l'éloge de la Folie, fait en réalité l'éloge de la « folie douce », de l'illusion heureuse par rapport à la « folie amère » qu'il associe aux Furies [34]. Dans la folie au sens ordinaire, l'illusion heureuse est éminemment versatile : la manie joyeuse sombre dans le désespoir dépressif et dans la schizophrénie, les extrêmes émotionnels sont intimement mêlés pour le plus grand inconfort du patient. Peut-être que le seul fou vraiment heureux est le sage qui adopte un comportement non conventionnel pour pouvoir rester dans une solitude paisible. La vision qu'Érasme a de la Folie, moteur de la plupart des comportements humains, de la Folie qui fait tourner les mondes, a eu un succès inattendu et durable; peut-être est-ce dû au fait qu'au-delà de la satire, cette conception fait vibrer en nous une fibre métaphysique et mystique. L'Inde ne parle-t-elle pas de Maya, la grande Magicienne, grâce à laquelle l'univers manifesté a une existence relative, et ne donne-t-elle pas comme origine du monde le jeu *(lila)* divin? Ce point de vue a l'intérêt de développer chez ceux qui y souscrivent une sorte d'« humour cosmique » ainsi qu'une non-angoisse fondamentale, deux qualités fort utiles pour une vie heureuse.

Dans le contexte hindou, la « folie » de l'ascète lui permet de lancer un défi aux dieux et de surpasser leurs pouvoirs. Dans le contexte chrétien, le fol-en-Christ lance plutôt un défi aux riches et aux grands de ce monde dont il entend corriger les mœurs. En Inde, en particulier au Bengale, le titre de *Pagal Baba* (le Baba fou) est très respecté. Un autre nom pour les « fous de Dieu » est *mast.* C'est un terme qui désigne l'intoxication à la fois amoureuse et religieuse. Le vrai *mast* est celui qui a expérimenté le bonheur divin avec une intensité telle que son ego est mort, « mort de plaisir » pourrait-on dire. Meher Baba, un gourou contemporain, considérait comme une de ses missions de recueillir et de protéger ce genre de mystiques. Mâ Anandamayî disait que, par rapport aux gens ordinaires, elle était un peu folle. C'était une forme de modestie, pour ne pas se vanter d'avoir un comportement inspiré par une perception constante du divin, et pour rendre compte du fait qu'elle s'autorisait à parler et à agir intuitivement, sans avoir besoin d'expliciter sans cesse ses raisons pour agir ainsi. Ceux qui ont un peu vécu dans l'ashram de Mâ Amritânandamayî, au Kerala, ont put sentir le vent de « sainte folie » qui y souffle et les énergies spirituelles insoupçonnées qu'il réveille chez les visiteurs et les disciples.

Les hindous traditionnels ont des critères assez précis pour distinguer la folie commune, la folie en Dieu, et la simulation, celle-ci ne servant qu'à gagner un peu d'attention de la part de l'entourage, ou un peu d'argent, et étant donc proche du théâtralisme hystérique. La question est importante, car si un extatique est authentique, on pourra penser à le choisir comme gourou. Chez les fidèles intoxiqués par le divin, il y a des signes physiques (horripilation, pâleur, tremblement, etc.) et des signes psychiques dont les principaux sont : une variation rapide de l'humeur entre la joie de l'union et le désespoir de la séparation, une communication du sentiment religieux à l'entourage, un statut de renonçant, de préférence à celui d'homme ou femme marié, ou au moins l'absence d'activité sexuelle, la présence de disciples, le non-dénigrement des autres gourous et une vie pure dans le passé. La manière dont les villageois d'Inde éprouvent un sujet en extase n'est pas seulement intellectuelle. Ils peuvent lui infliger des douleurs plus ou moins fortes selon leur agressivité latente, pour être bien sûrs que l'extatique ne sent vraiment rien...

Dans la vie de saint Antoine le Grand par saint Athanase, on voit l'ermite au désert en proie à ce qui ressemble fort à de la folie : dans un contexte d'insomnie et d'anxiété, il est sans cesse aux prises avec des démons et des bêtes qui l'assaillent. Les diables font écho à ses pensées (l'écho des pensées, en psychiatrie, est caractéristique du délire hallucinatoire); il les entend, les voit, ressent leurs coups, vit dans un état d'incurie. Mais en même temps, il a dépassé l'attachement au corps : il accepte à un moment de se laisser dévorer par les envoyés de Satan, ce qui n'est pas sans rappeler la méditation du Chöd tibétain; le résultat est d'ailleurs un succès : les hordes démoniaques prennent la fuite. Cela dit, il ne prend pas ses apparitions trop au sérieux, car il sait que le Nom du Christ à lui seul peut les faire s'évanouir instantanément; en mûrissant dans sa vie de moine, il finit par atteindre un état stable. Athanase le décrit ainsi : « Voilà comment on reconnaissait Antoine : jamais il n'était troublé, son âme était sereine, jamais il n'était sombre, son esprit était dans la joie [35]. » Il peut guider dans les voies de la solitude les plus jeunes qui, nombreux, viennent lui demander conseil, et il passera à la postérité sous le titre de « médecin de l'Égypte » et de « Père des moines ».

De façon analogue, en Inde, un mystique comme Râmakrishna a frôlé la folie durant sa pratique spirituelle lorsqu'il était jeune, mais il a pu avoir dans les dernières années de sa vie et après sa mort un impact social considérable. La Mission Râmakrishna est, dit-on, la plus grande organisation philanthropique du monde; elle est surtout répandue en Inde, pays de neuf cents millions d'habitants. L'influence de sa personnalité s'est fait sentir sur les mystiques durant tout le XXe siècle jusqu'à nos jours; il a, par exemple, inspiré récemment Mâ Amritânandamayî dont nous avons parlé plus haut.

Pour une thérapie initiatique

En arrivant vers la fin de cette première partie sur la spiritualité de la psychologie me revient en mémoire la prière que font les hindous, chaque matin, face au soleil levant : « Conduis-nous de l'irréel au Réel. » Que peut-on demander de mieux à la folle sagesse que de nous mener de l'irréel au Réel? De nous guérir de l'illusion pour nous initier au vrai Bien? La psychologie traditionnelle indienne a une vision étagée des différents niveaux de réalité. Dans le sommeil profond, on est immergé dans la Réalité ultime mais on n'en est pas conscient. Le rêve a sa réalité propre : si on a soif dans le rêve, on sera désaltéré par un verre d'eau bu dans le rêve et non pas par le verre d'eau sur la table de nuit. De même, entre Réalité empirique et Réalité absolue, il y a des mondes intermédiaires que le mystique peut percevoir aisément parce qu'il est désidentifié de son corps. Les hindous reconnaissent que le monde ordinaire a une certaine réalité, mais ne vont pas jusqu'à dire qu'il a une réalité certaine : comprenne qui pourra...

Cette vision permet d'assouplir considérablement la distinction manichéenne que fait en pratique la psychologie occidentale entre « la » réalité, sous-entendu la réalité matérielle indissociable du mental qui permet de la gérer, et le reste qui est, au mieux, de la poésie, au pire du délire, et qui demeurera de toute façon flou. Les psychologues reconnaissent en principe la fonction du symbole mais il faut qu'ils aient une grande expérience personnelle de l'état entre sommeil et veille pour pouvoir suivre exactement le langage symbolique de leurs patients. Sinon, l'aide qu'ils essaieront d'apporter risquera d'être en déphasage, plus inspirée par des références intellectuelles que par un vécu de la vie symbolique. Vu sous l'angle de l'évolution intérieure, tout est symbole du Soi, non pas au sens psychologique, mais au sens indien du terme, c'est-à-dire que tout est relié à une base de conscience-bonheur constamment présente mais que nous oublions quasi constamment. La fonction d'un thérapeute idéal serait déjà de se le rappeler à lui-même, puis de le rappeler à ses patients.

Nous avons évoqué, à la fin du chapitre « Le sage enfant », l'importance du thème de mort et de renaissance dans les débuts de la schizophrénie et son parallèle dans l'expérience de l'initiation spirituelle et de la thérapie initiatique. Ce rapprochement donne sens à l'épreuve que traverse le patient, la transforme en aventure et la fait déboucher sur une ouverture.

Les sujets en difficulté psychologique, une fois qu'ils se sont rééquilibrés par eux-mêmes ou grâce à une psychothérapie, se retrouvent au niveau des personnes ordinaires, c'est-à-dire qu'ils ont deux grands moyens pour favoriser leur ouverture spirituelle : le service désintéressé des autres et la méditation. La méditation devient forte quand elle éveille une passion paisible pour l'intériorisation. Le chercheur est alors face à lui-même et découvre concrètement sa propre psychologie spirituelle et ses lois. Il est rentré dans le fleuve, et il n'a plus qu'à en suivre le cours.

DEUXIÈME PARTIE

Psychologie de la spiritualité

La transmission spirituelle

Introduction

Le travail qui suit est plus un essai de psychologie spirituelle comparée que de religion comparée; je veux dire par là que je me limiterai à des thèmes touchant au fonctionnement de l'esprit; je ne ferai référence au contexte socio-historique que dans la mesure où ce dernier peut éclairer des différences de conceptions dans la psychologie spirituelle elle-même. Le fil directeur de ce texte sera l'étude des relations entre expérience et autorité spirituelle. Dans quelle mesure un mystique, ou un sage, a autorité pour transmettre son expérience dans le cadre de la tradition? En ce sens, cette seconde partie est dans la continuité de mon précédent ouvrage, *Le Maître et le Thérapeute.*

Les idées que je présenterai ne sont pas dans l'ensemble nouvelles, mais je pense qu'elles ont rarement été réunies sous cette forme.

J'utiliserai dans ce travail un certain nombre de sources universitaires; cependant, ce qui pour moi constitue l'apport principal de ce texte provient d'une expérience de cinq ans en Inde et de la rencontre et de la fréquentation de quelques-uns de ses enseignants spirituels.

Il arrive parfois que des membres d'une confession donnée écrivent sur les religions comparées. Les hindous quant à eux ne sont pas très intéressés par ce domaine. Dans la mesure où ils pensent que chaque religion est bonne et qu'on doit suivre celle de sa naissance, ils ne voient guère l'utilité de rentrer dans le détail d'une autre religion. L'hindou du peuple a une connaissance très limitée du christianisme. Souvent, il le confond avec le judaïsme. Si on lui demande la signification de Noël, qui est férié en Inde sous le nom de *barâ dîn,* « le grand jour », il répondra parfois qu'il s'agit de fêter le moment où les jours redeviennent plus longs; il nous ramènera sans le savoir au temps des Romains... Il reproche aux chrétiens d'être impurs parce qu'ils mangent avec les deux mains et refusent de tenir compte des castes; il leur en veut d'avoir été trop associé aux colonisateurs. Parmi les hindous plus cultivés, et c'est à eux que je ferai référence ici, il y a une ouverture certaine. Néanmoins il est parfois difficile de faire la part de la politesse envers l'étranger et de la conviction réelle dans un universalisme parfois un peu facile.

Cette ouverture peut prendre des formes multiples qui font plus pour désarçonner le missionnaire zélé que des polémiques acharnées : tel cet hindou qui me disait que lorsqu'il allait faire le tour des nombreux temples de la Devi (la déesse-mère) à Bénarès, il n'oubliait jamais de rentrer à l'église et d'aller mettre un cierge devant la statue de Notre-Dame. Dans un quotidien de Bombay, on a pu lire l'avis suivant : « Remerciements à Jésus, à la Vierge Marie, au Saint-Esprit et à Sai Baba de Shirdi pour grâces reçues. » Dans un registre moins anecdotique, un célèbre saint du XXe siècle, Swami Ramdas, lorsqu'il a tout quitté pour partir sur les routes, a quand même pris dans son sac un Nouveau Testament.

Il sera utile de garder présent à l'esprit tout au long de ce travail, ne serait-ce que comme hypothèse, la distinction entre ésotérisme et exotérisme. L'enseignement exotérique, fondé intellectuellement sur une théologie bien définie, permet de distinguer dans les meilleurs des cas, d'opposer dans les pires, les religions entre elles. Il est fait pour le grand nombre, pour tous ceux qui ont besoin d'un système religieux afin de se situer dans la vie sans pour autant pousser très loin l'expérience de Dieu. Dans l'ésotérisme, qu'il ne faut pas confondre avec l'occultisme, les parallèles entre traditions deviennent évidents. Nous discuterons avec plus de détails l'existence ou non d'un ésotérisme dans le christianisme au cours du chapitre III. Disons cependant dès maintenant qu'il existe un ésotérisme chrétien aussi bien qu'hindou, mais qu'il semble plus reconnu et développé dans l'hindouisme. Ne pas perdre de vue cette distinction entre exotérisme et ésotérisme aide à accepter les différentes tendances, les différentes personnes telles qu'elles sont.

Il y a de plus, à mon sens, une distinction importante et qui n'est pas assez soulignée, au sein de l'exotérisme : d'une part, il y a la nécessité d'une pratique spirituelle et d'un idéal de vie équilibrée qui fait que l'on ne gaspille pas l'énergie intérieure. C'est utile pour ceux qui suivent l'aspect exotérique d'une religion, cela devient quasi indispensable pour ceux qui veulent pénétrer son aspect ésotérique. D'autre part, la nécessité de recourir aux rituels et la dépendance envers une organisation hiérarchisée ou une dogmatique rigide diminuent au fur et à mesure que l'on pénètre dans le cœur ésotérique d'une religion. En Inde, les divers mouvements spirituels sont proches par le style de vie et les observances morales qu'ils attendent des aspirants alors qu'il peuvent différer largement au sujet de leurs idées métaphysiques ou de l'importance accordée au rituel.

Dans ce chapitre, je parle plus d'institutions dans le christianisme et de mystique dans l'hindouisme. Je n'ai pas la naïveté de croire qu'il n'y a pas d'institutions dans l'hindouisme, ni de mystique dans le christianisme. Je dis simplement que dans l'hindouisme, les institutions gênent moins les mystiques. Je sais que ceux qui ont approché l'hindouisme de près ne me contrediront pas. Je ne compare pas deux institutions, ni deux mystiques; je compare, dans deux civilisations, le rapport, la proportion si je puis dire, d'institution et de mystique. J'aurais du mal à comparer les lignées de gourous et de disciples à un équivalent réel dans le christianisme; il n'existe guère, si ce n'est sous forme de trace : je me demande le pourquoi de cette différence.

Les mystiques hindous ont plus facilement la faculté de transmettre leur expérience à cause de la prééminence donnée à la notion de maître spirituel. De plus, l'expérience mystique est, il faut l'avouer, considérée comme marginale en Occident et attirera plus facilement des déséquilibrés, alors qu'en Inde elle est intégrée à la société. A cause de toutes ces raisons, le passage de l'exotérique à l'ésotérique est moins conflictuel dans l'hindouisme que dans le christianisme. Celui-ci, en insistant sur la vie communautaire, développe son action dans les masses et aide celles-ci à s'élever à un niveau spirituel moyen; il favorise la mystique féminine par l'organisation de couvents, mais les communautés ont leur inertie et peuvent décourager de multiples façons un sujet qui a des capacités mystiques hors du commun, la jalousie des autres membres de la communauté aidant à ce nivellement.

Si la « transparence » d'un aspirant vis-à-vis de son maître spirituel est un facteur réel de progrès, la transparence, l'ouverture excessive à une communauté peut être un facteur de régression. Les communautés ont un ego qui leur est propre, elles cherchent avant tout leur survie et leur expansion. Seul un maître spirituel authentique peut être assez désidentifié de son ego pour respecter et laisser s'épanouir pleinement la vocation intérieure d'un disciple. De plus, celui qui suit la voie de la Connaissance sera moins exposé que celui qui suit une voie dévotionnelle et émotionnelle à être exploité par une communauté donnée. Il en sera plus indépendant. Dans ce contexte, l'image du « petit troupeau », si chère à la sentimentalité chrétienne, peut avoir un charme champêtre; elle n'en est pas moins ambivalente : le but des pasteurs n'est-il pas de tuer les brebis et de les manger? Et quelle gloire y a-t-il dans la grégarité? Peut-on trouver des lions vivant en troupeau?

Par la similarité des termes mêmes, la comparaison entre la transmission de la connaissance dans l'hindouisme *(param-*

para) et dans le christianisme (grec : *paradosis*) semble naturelle. Je suis bien conscient que celui-ci est un système complet en lui-même et qu'il a sa logique interne, tout comme le christianisme; cependant, on ne doit pas pour autant s'interdire des comparaisons sur certains points précis; elles peuvent stimuler certaines prises de conscience intellectuelles, et encore plus spirituelles. Si, au contraire, on fige son esprit en disant que l'« autre » est complètement autre, on se prive du bénéfice potentiel de la relation.

Avant d'envisager plus précisément la vision hindoue du christianisme, je pense qu'il est utile de guérir de l'illusion œcuménique. Les grandes institutions religieuses ont des phases d'ouverture mais aussi de fermeture, et ce sont ces dernières qui leur ont permis de subsister jusqu'à maintenant. Déjà, au début du IIIe siècle, Hippolyte, un chrétien romain d'origine grecque, avait entendu parler des brahmanes indiens et incluait leurs traditions parmi les sources d'hérésie : « Il y a chez les Indiens l'hérésie de ceux qui s'intéressent à la philosophie parmi les brahmanes, qui mènent une vie qui se suffit à elle-même, qui s'abstiennent de manger des créatures vivantes et toute nourriture cuite... Ils disent que Dieu est lumière, mais pas une lumière visible comme celle du soleil ou du feu; pour eux, Dieu est discours : non pas celui qui peut s'exprimer au travers de sons articulés, mais celui de la Connaissance *(gnosis)* à travers laquelle les mystères secrets de la nature sont perçus par les sages [1]. »

Néanmoins, le nom même de l'Évangile de Thomas pourrait indiquer un lieu préférentiel entre le christianisme primitif et l'Inde puisque saint Thomas, dit-on, s'est installé dans le sud de l'Inde. Ses reliques sont toujours vénérées à Madras dans une cathédrale au bord de la mer. Reste à savoir, évidemment, s'il n'y avait pas en réalité deux Thomas différents. Les institutions religieuses peuvent intégrer des élément étrangers si la pression des événements est forte, les chrétiens auront plutôt tendance à dire : « Si la pression de l'Esprit est forte. » Peut-être parviendra-t-on à réconcilier les points de vue en disant que l'Esprit est à l'œuvre dans les événements... Cela a commencé pour le christianisme avec saint Paul et l'adaptation d'une secte juive au milieu gréco-romain. Saint Clément d'Alexandrie, à la fin du IIe siècle, a largement contribué à cette intégration. On l'a surnommé le premier humaniste chrétien. Saint Patrick a repris des traditions celtiques dans le monachisme irlandais, saint Thomas d'Aquin a donné une place d'honneur à Platon et Aristote dans certaines parties de sa théologie. Dans notre siècle, le christianisme indien a commencé à intégrer des éléments de la culture religieuse hindoue non seulement dans les rituels et l'art sacré mais aussi dans le vocabulaire et les idées. Nous développerons cette idée d'inculturation en nous référant à Aloysius Pieris dans la dernière section de la troisième partie.

Le christianisme actuel, après ses vingt siècles de définitions qui impliquent automatiquement des exclusions, paraît avoir moins de souplesse que la secte dont saint Paul s'était fait l'apôtre. Les chrétiens indiens sentent qu'il faut qu'ils s'adaptent à l'Inde, la question étant de savoir jusqu'à quel point. L'adaptation peut prendre parfois l'aspect d'un jeu serré de « convertisseurs convertis » *.

Les membres des diverses Églises devraient se souvenir de l'attitude essentiellement positive de saint Clément d'Alexandrie envers les idées non chrétiennes de son temps : « La multitude est effrayée par la philosophie hellénique comme des enfants par des masques; elle craint d'être égarée; mais si la foi (je ne peux en effet l'appeler connaissance) qu'ils possèdent est telle qu'elle peut être dissoute par un discours sensé, qu'elle soit dissoute de toute façon, et mieux vaut qu'ils avouent ne pouvoir garder la vérité. La vérité en effet est immuable, mais les fausses opinions se dissolvent [2]. » Dans ce sens, saint Justin martyr parlait du Verbe disséminé (*sper-*

* Ceux qui, à la suite de Karl Rahner, ont tendance à parler du « Christ inconnu » à l'œuvre dans les religions non chrétiennes ne font-ils pas preuve d'une tendance à la récupération de style néo-colonialiste? Combien d'Indiens souscrivent à cette notion?

matikos logos) dans les sagesses non chrétiennes *(Apologies 1-46, 11-8, 13* et *II 10, 3) :* « Tous les principes justes que les philosophes et les législateurs ont exprimés, ils les doivent à ce qu'ils ont contemplé et trouvé partiellement du Logos. » Que la vérité soit répandue en différents lieux est une notion commune et partagée par les hindous. Par contre, il est difficile pour des missionnaires chrétiens de montrer à ces derniers la nécessité de donner à cette vérité le nom de Jésus de Nazareth.

Si l'on comprend les leçons de l'histoire, j'ai l'impression que l'on ne peut guère s'attendre à ce que les institutions religieuses sortent de leur coquille, si l'on peut dire; mais l'unité, qui n'est guère possible au niveau des ensembles, l'est beaucoup plus au niveau des individus qui vont suffisamment loin dans l'expérience intérieure. On peut citer, parmi bien d'autres, un exemple de la précision avec laquelle des thèmes de l'expérience spirituelle peuvent se retrouver à la fois dans les traditions hindoue et chrétienne : Jésus compare le royaume de Dieu au grain de sénevé, la plus petite des graines « qui, lorsqu'elle a poussé, se transforme en la plus grande des plantes potagères, devient même un arbre sur lequel les oiseaux du ciel viennent se poser » *(Mt. 13, 31-32)*. Dans la *Chandogya Upanishad,* nous lisons : « Cet Atma qui réside dans le cœur est plus petit que le grain de riz, plus petit qu'un grain d'orge, plus petit qu'un grain de moutarde, plus petit que le germe qui est dans le grain de millet. Cet Atma qui réside dans le cœur est aussi plus grand que la terre, plus grand que l'atmosphère, plus grand que le ciel, plus grand que tous les mondes ensemble » *(III-14-2)*.

L'ordination monastique hindoue *(sannyâs)* est en principe le dernier rituel auquel participe l'aspirant spirituel. Derrière ce fait, il y a l'idée que le renonçant est au-delà des pratiques culturelles obligatoires de la religion et de son organisation sociale. Quand il est plongé constamment dans le spirituel, il n'a plus besoin de ces rappels que sont les cérémonies et les symboles. L'institution religieuse est comme une mère, elle a une fonction d'éducation et de protection; mais les adultes se séparent de leur mère. Peut-on considérer un enfant qui meurt dans le sein comme une réussite? Il y a là une différence entre christianisme et hindouisme qui a été synthétisée dans le mot de Vivekânanda parlant de la conception hindoue : « On doit critiquer le jeune homme qui ne va pas au temple, on doit critiquer également le vieillard qui y va encore. »

Une étude détaillée des religions comparées ne semble pas utile pour ceux qui sont mûrs spirituellement : les religions ont la même base, l'homme, et le même but, Dieu. Cela devrait suffire. Cependant, l'intellect est une fonction de la vie, et en cela il n'est pas facile de le tenir au repos longtemps. Si on ne lui donne pas comme objet de réflexion, comme « os à ronger », l'étude de la base commune aux religions, de la *philosophia perennis,* il risque de se retrancher derrière une doctrine rigide, de se protéger derrière des « murailles de raisonnements » de plus en plus infranchissables et de finir, après une vie d'efforts sincères, dans l'impasse d'une intolérance sclérosée. A cause de cela, il me semble bon de voyager par l'esprit, même si l'on n'a pas la possibilité de le faire physiquement; on évitera ainsi de mourir comme la grenouille de l'histoire indienne qui était convaincue jusqu'à la fin qu'il n'y avait pas d'océan plus grand que la mare où elle était née.

En étudiant la vision hindoue du christianisme, on comprendra mieux l'échec relatif des missions. Malgré les efforts d'évangélisation qui ont commencé avec les Portugais à la Renaissance, et l'appui des pouvoirs politiques au XIXe siècle et dans la première moitié du XXe siècle, il n'y a que 2 à 3 % de la population de l'Inde qui confesse la foi chrétienne, encore sont-ils principalement groupés au Kerala. Il faut dire qu'après cinq siècles d'occupation par l'islam, les hindous avaient l'habitude de se défendre contre un zèle missionnaire plus agressif que celui des pasteurs protestants ou des Pères des missions : celui des ulémas musulmans. Ils ne se laissaient plus séduire par l'idée de monothéisme pur et dur de la Bible.

Les missions ont surtout touché les basses castes maltraitées par les hindous orthodoxes, ce qui était, par exemple, manifestement le cas au Kerala. Ces castes étaient en fait très peu instruites dans l'hindouisme. En effet, il est rare de voir un hindou ayant quelque expérience intellectuelle et spirituelle de sa religion se convertir au christianisme. Il se méfie de l'idée de « Christ inconnu de l'hindouisme » qu'il considérera comme une tentative de récupération missionnaire. L'auteur d'un livre qui porte ce titre, Raimundo Pannikar [3], reconnaît lui-même qu'il a écrit plus pour des chrétiens intéressés par l'hindouisme que l'inverse. Les hindous sympathiseront certes sans difficulté avec le genre d'expérience mystique du « Milieu divin » de Teilhard de Chardin, puisque la base, non seulement de leur mystique, mais aussi de leur éthique et de leur métaphysique, est une expérience vécue de l'Unité. Cependant, étiqueter d'un seul coup ce « Milieu divin », ce « champ unifié » dirait-on peut-être en physique actuelle, de « Christ cosmique », n'est-ce pas là une limitation plus qu'une consécration? C'est ce que penseront certainement les Vedantins qui ont déjà rejeté comme trop limitées les étiquettes Vishnou, Kali, etc., que des grandes sectes hindoues voulaient poser sur ce « Milieu divin ». A mon sens, le fait que l'hindouisme, dans l'ensemble, ne cherche pas à faire de conversions est un signe de désintéressement et en fait de qualité spirituelle. Il semble que les quelques groupes hindous qui prêchent en Occident ont été influencés par l'exemple des missions chrétiennes en Inde.

Les hindous qui font un effort pour comprendre le christianisme y verront une secte dévotionnelle centrée sur Jésus au même titre que d'autres peuvent être centrées sur Shiva, Krishna ou Râma. Un certain nombre de chrétiens indiens ont tendance à interpréter le Christ comme leur gourou (ils parlent parfois de Christ panth, comme ils parlent de Kabir panth, la secte de Kabir [4]); cependant, d'un point de vue hindou, le Christ est plutôt une *ishta-devata* (divinité sur laquelle on choisit de concentrer sa dévotion) qu'un gourou au sens habituel, ce qui impliquerait une personne physique avec laquelle on pourrait s'entretenir normalement. Dans le vocabulaire hindou, le christianisme développe beaucoup le bhakti-yoga (dévotion), le karma-yoga (action) et peu le jñana-yoga (connaissance intuitive), à quelques exceptions près. J'ai demandé au Père Stuart, ami et biographe de Swami Abhishiktânanda (le Père Le Saux), pourquoi, d'après ce dernier, les missions chrétiennes avaient eu du mal à se développer en Inde. Il semble que ce soit pour la raison suivante : le christianisme se présente marqué par trois conditionnements profonds qui sont rébarbatifs pour les hindous, le conditionnement moral des Juifs, intellectuel des Grecs et institutionnel des Romains. Derrière tous ces conditionnements, l'expérience de Jésus se laisse difficilement appréhender.

L'hindouisme et le bouddhisme, issus de la même atmosphère culturelle, influencent également l'Occident de culture chrétienne. On estime à dix millions aux États-Unis le nombre de gens impliqués dans les « nouvelles religions » qui associent de manière plus ou moins heureuse, selon les cas, des éléments orientaux à certaines méthodes psychothérapiques. Ce « retour de flamme » missionnaire de l'Inde vers l'Occident est d'autant plus difficile à parer pour les autorités ecclésiastiques qu'il est polymorphe et non organisé. Il s'agit d'une « anarchie qui fonctionne », pour reprendre l'expression que certains appliquent à la politique, et même à la société indienne en général... Par exemple, une étude de 1984, rapportée par A. Godin dans sa *Psychologie des expériences religieuses* (Le Centurion), montre qu'au Québec, 85 % des gens se disent catholiques, mais seulement 15 % croient qu'après la mort, « les uns iront au paradis, les autres en enfer ». Par contre, 19 % croient « qu'on se réincarnera en quelque chose d'autre » (p. 62). Nous vivons en un siècle où certaines idées, par exemple ici celle de la réincarnation, se diffusent pratiquement d'elles-mêmes.

Au sein du christianisme en Inde, une influence du système hindou peut être visible dans la prolifération de groupes indépendants de taille restreinte, souvent centrés autour d'un leader. D'autre part, chez les plus spirituels, et ils ne sont pas forcément dans ces groupes indépendants, on souhaite un développement de la méditation et une ouverture au non-dualisme. Une religieuse catholique indienne que j'ai interrogée, et qui semble être tout à fait bien intégrée dans son ordre, m'a même exprimé le besoin profond des chrétiens indiens de prendre en compte l'aspect féminin de la divinité, ce qui risque de créer quelques remous dans une religion fondée sur la Bible.

Il n'est pas inutile, dans un essai comme celui-ci, de mentionner quelques influences indiennes probables sur les sources de notre culture occidentale : Iamblichus, le biographe de Pythagore, nous dit que ce dernier a étudié la doctrine des brahmanes en plus de celle des Égyptiens et des Assyriens. On retrouve une influence hindoue bien sûr dans la doctrine de la métempsychose (réincarnation), mais aussi dans les mathématiques pythagoriciennes, le végétarisme et même les interdits alimentaires plus précis respectés par son école, à propos des haricots par exemple. Anaximène nous dit que Socrate avait rencontré à Athènes un sage indien. Alexandre le Grand aimait à discuter avec les ascètes hindous (les gymnosophistes) lors de ses conquêtes, et il revint de ses expéditions en compagnie de l'un d'eux, nommé Kalanos.

L'empereur Ashoka, le grand propagateur du bouddhisme au IIIe siècle avant Jésus-Christ, envoya des émissaires-missionnaires en Syrie, Égypte, Macédoine, Cyrène et Épire. Plus proche de l'ère chrétienne, on a évoqué l'influence bouddhiste dans l'organisation monastique et le célibat des Esséniens et groupes apparentés. Il est sûr que ces traits ne sont guère des caractéristiques de la culture juive. Cela pourrait peut-être aider à comprendre pourquoi le christianisme naissant, influencé par les Esséniens, a été rapidement rejeté par les Juifs. Dans l'esprit de l'Ancien Testament, l'état de célibataire est comparable à celui du guerrier qui est éloigné de sa femme durant les hostilités. Il n'est guère conçu comme un état de vie à long terme. Cependant, une tradition dit que Moïse n'a plus eu de relations sexuelles après sa rencontre avec Dieu sur le mont Sinaï; en effet, il ne devait pas être engagé sexuellement quand de nouvelles révélations surviendraient, et il ne savait jamais quand ces dernières se produiraient. Le simple fait que le christianisme naissant se soit hellénisé n'était pas un facteur à lui seul de rejet par le judaïsme; Philon d'Alexandrie est un bon exemple de Juif orthodoxe et pourtant fortement hellénisé. Cela dit, le refus de la circoncision et des interdits alimentaires par saint Paul a contribué à la séparation.

Un peu plus tard à Alexandrie, les Thérapeutes semblent avoir été influencés par les idées orientales. La ville était au IIe siècle un milieu favorable à des groupes religieux aux idées les plus diverses. Il est difficile de faire la part, dans la gnose chrétienne présentée par saint Clément d'Alexandrie dans ses *Stromates* et Origène, de ce qui revient au fonds commun de l'expérience mystique, de ce qui est le fait d'une transmission orale de maître à disciple remontant de saint Clément jusqu'au Christ, et de ce qui est dû à une influence orientale plus ou moins directe.

L'étude des sources montre que l'histoire de saint Josaphat, le compagnon de saint Barlaam, est inspirée directement par l'histoire de la jeunesse du Bouddha. Cela fait sourire de penser que l'Église catholique, qui fêtait saint Josaphat le 27 novembre et l'Église grecque, qui le fêtait le 26 août, rendaient sans le savoir un culte au Bouddha [5]. Malgré cela, les missionnaires bouddhistes n'ont pas encore écrit un livre dont le titre serait : *Le Bouddha inconnu du christianisme...*

Avec l'étude des manuscrits de Nag-Hammadi découverts en Haute-Égypte, les historiens ont pu avoir confirmation de la diversité du christianisme primitif. Je m'inspirerai principalement des travaux du Pr Elaine Pagels qui a publié des textes de Nag-Hammadi et qui est spécialiste de l'histoire du christianisme primitif, pour montrer comment l'évolution vers une Église centralisée s'est accompagnée de la définition de dogmes qui favorisaient particulièrement la concentration des pouvoirs dans les mains de la hiérarchie ecclésiastique. Si le christianisme avait pu se développer de manière plus diversifiée, comme il avait eu tendance à le faire à ses débuts, il aurait certainement eu beaucoup plus de facilité à s'intégrer à cette confédération de groupes religieux qu'est l'hindouisme.

Actuellement, la masse des chrétiens du monde entier, qu'ils soient catholiques, orthodoxes ou protestants, a un tronc commun de croyances fixées beaucoup plus important que celui qu'avaient, malgré leur petit nombre, les chrétiens des tout premiers siècles de l'histoire de l'Église.

Ce texte voudrait aider à une réflexion renouvelée sur le christianisme favorisée par la position d'observateur extérieur, dans notre cas un hindou. En ce sens, il y a quelque analogie entre cette étude et les *Lettres persanes* de Montesquieu. Autant que je sache, Montesquieu n'avait jamais mis les pieds en Perse et la forme de ses *Lettres* correspondait plutôt à un procédé littéraire. Quant à moi, j'ai passé plus de cinq ans en Inde et j'y vis toujours; de plus, je ne me préoccupe guère de procédés littéraires.

Je ne me préoccupe pas plus de me situer dans le « camp » des chrétiens que de m'identifier au « camp » des hindous; j'ai bénéficié d'une formation chrétienne plus poussée que la moyenne; depuis cinq ans, je continue une pratique spirituelle en Inde; je suis plutôt la voie du Vedanta; ce n'est pas pour cela que je me sens hindou; je n'en éprouve pas le besoin.

En présentant le regard des Indiens sur le christianisme, il pourra m'arriver d'être quelque peu « décapant » à propos de celui-ci : certains diront sans doute qu'il s'agit de préjugés, ou plutôt de « post-jugés », d'une personne qui a fait partie du christianisme en Occident et qui le regarde maintenant d'un œil plus extérieur à l'aide de son expérience d'un autre continent, tant au sens géographique qu'au sens spirituel. A mon avis, il n'y a pas de « jugement » dans les pages qui suivent, il y a de la discrimination; je tiens à souligner la différence, qui est de taille.

Je comprends que nombre de mystiques chrétiens essaient de sauvegarder leur paix intérieure en distinguant assez radicalement l'Église, corps mystique du Christ, immaculée, au-delà de l'espace et du temps, et l'Église, institution atteinte de tous les maux de l'humanité. N'est-ce pas là une dissociation trop facile? Je comprends également que des mystiques se taisent. Si leur silence ne vient ni de la peur ni de la paresse, mais d'une maîtrise de leur mental, je trouve qu'il est grand. Cependant, si l'on choisit d'écrire comme je le fais pour l'instant, on doit faire preuve de discrimination et on ne peut dire oui à tout : « On ne peut satisfaire tout le monde et son père », nous affirme la fable. A mon sens, se détacher des idées reçues socialement fait partie intégrante de l'itinéraire intérieur.

Mais je respecte ceux qui y sont attachés à leur niveau d'évolution. A ce moment-là, mieux vaut qu'ils ne se donnent pas la peine de lire ce qui suit; certaines de mes réflexions sont comme des médicaments efficaces : il ne faut pas les laisser à la portée des enfants.

J'écris pour ceux qui sont convaincus non seulement qu'on peut arriver à l'Absolu par chaque tradition spirituelle, mais aussi que l'Absolu est au-delà de toute tradition spirituelle, pour ceux qui cherchent avec sérieux à réaliser le *nada, nada* de saint Jean de la Croix au sens fort. Je n'écris pas comme un sage hindou qui se contentera de dire que toutes les religions mènent au même but et arrêtera là ses déclarations sur les religions comparées. Je souscris à cette idée du point de vue de l'Absolu; cependant, du point de vue relatif, chaque religion a ses qualités et ses défauts. J'ai pu m'en apercevoir après cinq ans de vie en Inde; j'ai écrit le texte qui suit après un article sur *Le Maître spirituel dans le christianisme* et il en est en quelque sorte le développement.

J'ai baigné dans la culture chrétienne dès l'enfance et j'ai été particulièrement intéressé par la vie monastique. A l'occasion de retraites successives, j'ai passé environ six mois dans une ambiance monastique bénédictine; j'ai donc eu le temps d'expérimenter ce type de vie de l'intérieur, jusqu'à un certain point, et plus concrètement que nombre de chrétiens. En Inde, ma pratique de la voie de la non-dualité a été grandement aidée par le fait de vivre auprès d'un maître spirituel et aussi par le simple fait d'être étranger; je me sentais naturellement désidentifié de l'agitation d'une société que je ne connaissais guère, et j'ai pu ainsi bénéficier d'une solitude de fait, physique, psychique et spirituelle, difficile à obtenir quand on vit dans son milieu d'origine. Ce retrait m'a permis d'observer mon esprit dans son état naturel et de mieux comprendre son fonctionnement réel.

Je peux dire que, maintenant, je ne me sens identifié ni au christianisme ni à l'hindouisme. Je pense que le plus grand service que puisse rendre une religion à ses quelques fidèles qui ont une vocation mystique, c'est de les mener au-delà d'elle-même, c'est d'accepter de se laisser transcender par l'expérience intérieure des chercheurs qui progressent sur le chemin. Cette notion est difficile à accepter pour les religions du Livre. Dans le judaïsme par exemple, même pour un saint, un *hassid'*, ce sera difficile d'abandonner les 613 commandements de la Torah; pour un soufi, la *sharia* et la prière cinq fois par jour; pour un moine chrétien, même confirmé, il sera difficile de laisser de côté la messe, la confession ou l'office divin. Par contre, l'hindouisme ou le bouddhisme, grâce au Vedanta, au Mahâmudra tibétain ou au Zen, reconnaissent plus facilement, pour ceux qui sont mûrs, la suprématie de l'expérience de l'Un au-delà des formes et des rituels.

1

Comment Jésus est-il considéré par les hindous ?

LA réponse peut tenir en deux mots : jîvan-mukta et Avatar. Un jîvan-mukta est un « libéré vivant », quelqu'un qui est parvenu au sommet de la vie spirituelle et qui est identifié avec l'Absolu, tout en restant normalement en vie. Un Avatar est une descente particulièrement complète du divin sous forme humaine. Dans un sens restreint, il y a dix Avatars incluant Râma, Krishna et le Bouddha; parfois, on en décrit vingt-quatre. Dans un sens large, tout grand sage peut être considéré comme avatar. De plus, le Christ peut être perçu par les hindous comme Maître spirituel, gourou. Nous avons déjà étudié cet aspect dans un article sur *Le Maître spirituel dans le christianisme.* Les hindous acceptent facilement la divinité du Christ, mais pas son unicité, qu'ils estiment être le fait d'une prétention sectaire. La vision du Christ par l'Église est supposée connue dans ses grandes lignes. Pour faciliter un regard renouvelé sur Jésus, nous n'hésiterons pas à utiliser, en même temps que les Évangiles canoniques, l'Évangile de Thomas.

Jésus libéré vivant

En plus de son identification à la conscience universelle, un des premiers traits de Jésus faisant penser qu'il est « libéré vivant » est qu'il trouve l'unique source de son propre pouvoir en lui-même. Beaucoup de gens peuvent paraître sûrs d'eux; mais il est rare de rencontrer quelqu'un qui le soit réellement d'un point de vue spirituel, c'est-à-dire quelqu'un qui voit des formes nettes dans les lointains domaines de l'esprit, là où d'autres ne voient que des ombres fugitives et se contentent de répéter des vérités avec une conviction plus émotionnelle qu'expérientielle. Savoir distinguer celui qui est réellement sûr de soi de celui qui fait semblant demande une bonne dose de discrimination de la part de l'aspirant disciple. Un logion de l'Évangile de Thomas dit : « Ils lui disaient : " Viens, prions aujourd'hui et jeûnons. " Jésus répondit : " Quelle faute ai-je donc commise? ou en quoi ai-je été vaincu [6]? " » Jésus, de même que le libéré vivant hindou, est au-delà de la dualité faute-rachat qui est le fondement de l'éducation des enfants et de la formation morale et religieuse de base. Il est stable, au-delà des jeux de l'affectivité et de la culpabilité, jeux qui sont le pain quotidien de tout un chacun.

Cette assurance de Jésus rappelle celle de Job dans l'Ancien Testament, bien que ce dernier ne paraisse pas être un libéré vivant. Il se débarrassait sans ménagement de Bildad de Shuah qui cherchait à le culpabiliser; il était sûr de son innocence : « Tant qu'un reste de vie m'animera, que le souffle de Dieu passera dans mes narines, mes lèvres ne diront rien de mal, ma langue n'exprimera aucun mensonge. Bien loin de vous donner raison, jusqu'à mon dernier souffle, je maintiendrai mon innocence. Je tiens à ma justice, et ne lâche pas; en conscience, je n'ai pas à rougir de mes jours » *(Job 27, 3-6).*

Paul, avec la même assurance, affirme la supériorité du

spirituel sur le psychique, on pourrait sans doute dire le psychologique : « L'homme psychique n'accueille pas ce qui est de l'esprit de Dieu : c'est folie pour lui et il ne peut le connaître, car c'est spirituellement qu'on en juge. L'homme spirituel, au contraire, juge de tout, et n'est jugé par personne » *(I Cor. 2, 14-15).*

Ce dernier verset a été commenté par saint Jean de la Croix. Il prend une résonance particulière quand on sait que celui-ci vivait au « grand siècle » des tribunaux de l'Inquisition, et qu'il avait lui-même été condamné à neuf mois de cachot. Pendant cette période, il avait été flagellé en public, tous les vendredis au réfectoire. Il en a gardé des cicatrices qui l'ont fait souffrir jusqu'à la fin de ses jours. Il a pourtant tenu bon, sûr qu'il était de son expérience spirituelle, et il a continué à affirmer : « Le juste juge, mais n'est pas jugé. » Une telle assurance est bonne à rappeler à une époque où l'on consulte le spécialiste en tout domaine, et où l'on oublie que s'il y a un spécialiste de notre propre esprit, ce ne peut être que nous-mêmes, une fois que nous avons acquis les règles de base de l'intériorisation.

Saint Clément d'Alexandrie, dont nous avons vu qu'il avait sans doute subi quelque influence orientale, maintient cette indépendance complète de ce qu'en Inde on appellerait le « libéré vivant » *(jîvan-mukta)* ou celui qui sait (bouddha) : « Celui qui a pour interlocuteur l'Inspirateur de ceux qui ont écrit les Livres divins (le Saint-Esprit), qui est initié par lui aux arcanes des mystères secrets, celui-là est donc pour les autres un livre inspiré de Dieu. » Saint Clément cite également Platon dans le même sens : « L'être humain qui se consacre à la contemplation des idées vivra comme un dieu parmi les hommes » *(Stromates, Livre IV, ch. 23* [7]*).* Il atteindra, toujours d'après Platon, l'indépendance intérieure : « Quand on a beaucoup fréquenté la réalité elle-même, quand on a vécu avec elle, soudain une lumière allumée comme à une flamme jaillissante naît dans l'âme, une lumière qui se nourrit désormais elle-même » (Platon, *Lettres VII, 341*). On comprend qu'avec un tel enseignement, Origène, le successeur de Clément à la chaire de catéchétique d'Alexandrie, n'ait pas cherché à rester dans l'institution ecclésiale à tout prix quand son évêque, jaloux de son succès, a réussi à le faire exclure. Les orthodoxes résument cette indépendance du spirituel en une formule laconique : « Quiconque sait prier est théologien. »

Jésus, parce qu'il est libre, peut montrer un chemin de libération, de guérison. Il résume l'essence de la thérapie, et une bonne partie du travail de méditation, dans ce logion de l'Évangile de Thomas : « Si vous faites ressortir ce qui est en vous, cela vous sauvera. Si vous ne le faites pas ressortir, cela vous détruira [8]. »

Une « libérée vivante » de l'Inde médiévale, Lalleshvari, fait elle aussi allusion à l'utilisation de la méditation comme thérapie : « Les impressions du subconscient *(vâsanâ)* sont subtiles, mais elles ont la force des éléphants. » Un ermite hindou avec lequel je me suis entretenu m'a dit qu'il savait que son gourou était une « libérée vivante » car elle pouvait dire, comme le Christ : « Viens et suis-moi », et les gens la suivaient pour de bon. Lui-même ne s'intéressait pas à la religion, il était chercheur en biochimie; pourtant, il est resté avec elle du jour au lendemain et pendant les trois premières années, n'a parlé avec personne d'autre qu'avec elle. D'après lui, ce pouvoir d'appeler un disciple à la manière du Christ est un trait caractéristique de l'être réalisé, ce qui me semble vrai à condition que la vocation soit durable et ne s'évanouisse pas après une période d'enthousiasme passager.

La notion d'homme-dieu est courante en Inde. Le christianisme réserve par contre ce titre au sens fort à son fondateur exclusivement. Grégoire le Théologien disait : « Le Verbe s'est incarné pour que je devienne Dieu dans la mesure où lui est devenu homme. »

Si l'on remplace « Verbe » par « maître spirituel », chaque disciple en Inde pourra dire cela de son Sadgourou (gourou capable de mener à la réalisation). Avoir un Sadgourou vivant, en chair et en os, permet une intensification de la vie spirituelle et une réduction des illusions et de l'imagination. Beaucoup, et en Occident surtout me semble-t-il, prétendent avoir éveillé le Sad-Gourou intérieur alors qu'ils ne sont même pas arrivés au niveau où ils pourraient comprendre la nécessité d'un gourou extérieur.

Si l'on revient au milieu antique, il était accepté, chez les païens, comme chez les juifs, qu'un être qui concentre plus que d'autres le pouvoir divin en lui soit appelé « Fils de Dieu [9] ». L'antiquité païenne connaît aussi l'apothéose, la divinisation des empereurs romains.

Dans la Bible, il y a un passage étrange où l'on ne peut plus dire qui, de Yahvé ou de Moïse, est en train de parler *(Dt. 29, 1-6);* Moïse commence par déclarer : « Vous avez tous vu ce que Yahvé a fait sous vos yeux », puis continue sans transition *(v. 4) : « Je* vous ai fait aller quarante ans dans le désert », ce qui peut effectivement être compris comme le propos soit de Yahvé, soit de Moïse, soit des deux à la fois, puis toujours sans aucune transition, il ajoute : « afin que vous sachiez que moi, Yahvé, je suis votre Dieu » *(v. 6).* Les commentateurs orthodoxes disent évidemment que Moïse a oublié de passer du style direct au style indirect, mais on peut aussi y voir une allusion à l'état non duel dans lequel se trouvait alors Moïse, et de même le Christ lorsqu'il disait : « Avant qu'Abraham fût, Je Suis. »

Yahvé dit à Moïse : « Tu seras un dieu pour Aaron » *(Ex. 4-16).* Dans le Psaume 82, on trouve *(v. 16) :* « J'ai dit : vous êtes des fils de dieux », ce qui à l'époque du Christ était compris ainsi : tous les israélites, ayant reçu la communication de la Loi, peuvent être appelés « dieux ». Jésus se sert de ce verset pour signifier qu'il n'y a rien de choquant à ce qu'il se dise « fils de Dieu ». Dans les Évangiles, les affirmations de Jésus sur lui-même sont en général voilées, au moins avant sa déclaration claire devant le Sanhédrin. En Inde, il est normal qu'un Sadgourou ne manifeste à ses disciples que progressivement son unité avec le divin. Elle est en fait toujours présente, mais ce n'est que peu à peu que les disciples deviennent capables de la voir. A ce moment-là, le gourou est réellement « transfiguré » à leurs yeux. A cette époque, Philon d'Alexandrie écrivait : « Ceux qui jouissent de la science de l'Un sont appelés à juste titre " fils de Dieu ". » Il sentait peut-être que ce propos heurterait l'intolérance monothéiste de ses coreligionnaires, aussi éprouve-t-il le besoin de se justifier en ajoutant aussitôt : « Comme l'enseigne Moïse. »

Dans cette réflexion sur l'homme-dieu, il est intéressant de rapporter le propos de Maître Eckhart s'appuyant lui-même sur saint Augustin : « Ce que l'homme aime, disait Augustin, il l'est : s'il aime une pierre, il est une pierre, s'il aime un être humain, il est un être humain; s'il aime Dieu – je n'ose continuer, car si je disais qu'il est Dieu, vous pourriez me lapider, mais je vous renvoie à l'Écriture [10]. » Il est difficile de ne pas relever que saint Augustin, évêque et déclaré plus tard docteur de l'Église, n'osait exprimer simplement son expérience d'unité avec Dieu de peur d'être lapidé par ceux qu'il était censé guider dans la vie spirituelle; situation étrange, qui laisse rêveur sur la distance qui sépare le dogme, et sa propagation, de l'expérience spirituelle elle-même.

Eckhart, lui, était moins craintif, ce qui lui a valu d'être condamné; il est probable qu'il aurait été plus sévèrement puni s'il n'avait porté l'habit dominicain qui était celui de bon nombre d'inquisiteurs. Il commente ainsi la phrase de saint Augustin : « C'est pourquoi l'homme, lorsqu'il s'unit totalement à Dieu avec amour, est détaché des images, formé et transformé dans la conformité divine en laquelle il est un avec Dieu. L'homme possède cela quand il demeure en lui. » Dans le même sermon *(Bleibet in mir)*, Eckhart déclare également : « Entre un tel homme (le juste qui a renoncé) et Dieu, non seulement il n'existe pas de distinction, mais il n'existe pas non plus de pluralité, il n'y a que UN. » Ce juste, qui est un avec Dieu, devrait pouvoir se manifester à chaque génération : « Dieu ne se repose jamais, il poursuit et presse constamment pour que le juste se manifeste » (sermon *Justus in perpetuum vivet* [11]).

Eckhart, en atténuant la distinction entre Jésus « Fils par nature » et les chrétiens « fils par adoption », se rapproche spontanément de la pensée non dualiste de l'Inde et de la conception hindoue du Christ : « L'âme n'a pas dans sa nature de différence avec Notre-Seigneur, son être est seulement plus grossier car l'être du Christ est uni à la Personne éternelle. Plus l'âme se détache de ce caractère grossier, plus elle lui est identique. » Il en vient à une formulation que l'on trouve dans la bouche des maîtres védantins, et qui exprime, quand elle est réellement vécue, un sommet de la vie spirituelle : « Si je n'étais pas, Dieu ne serait pas non plus [12]. »

Comme nous le verrons plus loin, insister sur l'unicité du Christ est tout à l'avantage de l'institution ecclésiastique : si chaque chrétien a « un seul Dieu, un seul Christ, un seul Pape, un seul évêque et une seule paroisse », la machinerie hiérarchique fonctionnera parfaitement, sans accroc, si l'on peut dire. Si un mystique chrétien en arrive, par l'objectivité de sa démarche intérieure, à relativiser cet article de foi qui lui semblait fondamental, il traversera sans doute une période de « nuit obscure », mais il progressera grandement vers cette vérité que toutes les religions pointent, mais qu'aucune ne peut atteindre automatiquement.

A ce propos, que penser de la parole du Christ : « Je suis la Voie, la Vérité et la Vie »? Une première possibilité est qu'elle a été ajoutée par des disciples zélés qui voulaient imposer leur secte à la société de l'époque. Une seconde possibilité est de dire que le « Je » utilisé par le Christ est un « Je » impersonnel, le « Je » du libéré vivant identifié à l'Absolu, et non plus le « Je » de Jésus de Nazareth, fils de Marie. A ce titre, tout sage qui a atteint cette identification peut tenir le même propos : bien que de fait ce cas soit rare, il n'en est pas unique pour autant. Notons que ce dernier argument est celui utilisé par Shankarâchârya pour interpréter de manière non dualiste les passages de la Bhagavad-Gîtâ où Krishna dit « Je ». Il ne s'agit plus, dit Shankarâchârya, du Krishna sur son chariot, adoré par une secte de fidèles particulière, mais de l'Absolu qui parle.

Une troisième interprétation est de sous-entendre « Pour vous, Je suis la Voie... ». Jésus s'adresse à des disciples qui peuvent avoir parfois la tentation de le quitter, d'aller voir d'autres maîtres, soit de son vivant, soit après sa mort. Il les tranquillise et les pacifie en leur disant qu'ils n'ont pas, qu'ils n'auront pas besoin d'aller chercher ailleurs, puisqu'ils l'ont pour les guider; mais voulait-il par là garder son monopole en excluant les maîtres des générations suivantes, ou au contraire les encourageait-il à avoir la même assurance que lui, et à pouvoir dire à leur tour, de leur propre autorité, à leurs disciples : « Je suis la Voie, la Vérité et la Vie »? C'est une question qu'il pourrait être avantageux de se poser avec un esprit neuf. On peut interpréter de la même façon le logion 38 de l'Évangile de Thomas : « Les paroles que je vous dis maintenant, nul autre ne pourra vous les dire... » Le « vous » désigne les disciples qui ont connu Jésus en chair et en os : pour eux, cela n'aurait guère de sens d'aller chercher d'autres maîtres, même s'ils se sentent ébranlés après la mort du Christ : « ... Il y aura des jours où vous me chercherez et vous ne me trouverez pas. » Mais cette signification exclusive garde-t-elle son efficacité pour les générations ultérieures?

En bref, aux yeux d'un hindou, un « libéré vivant » peut dire tout ce que dit Jésus, y compris les idées exprimées dans le discours de la dernière Cène *(Jn, 13-17);* cependant, il n'ira pas déclarer : « Je suis la voie unique », sauf peut-être pour des raisons pédagogiques, afin d'aider l'esprit versatile de certains disciples à se concentrer sur une seule forme qui se trouve être à ce moment-là la forme du maître. Pour la stabilité de leur ascèse et de l'institution qu'ils fondaient, les apôtres avaient tout intérêt à voir en Jésus le dernier homme-dieu, voire même le seul, de même que les premiers musulmans avaient tout intérêt à voir en Mohamed le « Sceau de la Prophétie »; mais le christianisme, en refusant la possibilité de « libéré vivant » à chaque génération, ne reproduit-il pas l'indignation feinte des Juifs qui craignaient pour leur pouvoir d'enseignants religieux et disaient, avec déjà des pierres à la main pour une éventuelle lapidation : « Tu n'es qu'un homme, et tu te fais dieu! » *(Jn 10, 33)*?

Quoi qu'il en soit, la leçon qui se dégage clairement des derniers enseignements de Jésus, c'est la non-séparation : « Je suis en mon Père, vous êtes en moi et moi en vous » *(Jn 14, 10)*. « Que tous soient Un : comme toi, Père, tu es en moi et que je suis en toi, qu'eux aussi soient Un en nous » *(Jn 17, 20)*.

On retrouve, comme dans l'initiation au sannyâs hindou et l'initiation de Jésus par Jean-Baptiste, le symbole du maître qui se prosterne devant ses disciples lors du lavement des pieds. L'effacement du maître, l'enseignement de l'unité et la transmission complète sont inséparables : « Je ne vous appelle plus mes serviteurs, car le serviteur ne sait pas ce que fait son maître; je vous appelle mes amis, parce que tout ce que j'ai entendu de mon Père, je vous l'ai fait connaître » *(Jn 15, 15)*.

Nous avons évoqué ci-dessus l'aspect de Jésus, maître spirituel. Si cette notion n'est pas surprenante pour un hindou, on peut dire qu'elle ne l'est pas non plus pour les Juifs de l'époque, même s'ils ne la développent pas en détail dans la Bible. En effet la loi elle-même, étant à la fois écrite et orale, nécessitait à l'évidence un maître (rabbi) pour l'enseigner; on parle d'ailleurs « des » Lois : « Pourquoi est-il dit " Torot " au pluriel et non " Tora " au singulier? Pour nous enseigner que deux Tora ont été données à Israël : l'une écrite et l'autre orale... » « Moïse resta quarante jours sur la montagne, assis devant le Saint, béni soit-il, comme un disciple assis devant son maître. Il lisait la Loi écrite le jour et la Loi orale la nuit [13]... » Cela fait dire à certains que Moïse sur le Sinaï n'aurait pas reçu la révélation de Yahvé directement, mais l'enseignement d'un maître spirituel qui s'identifiait à l'Absolu, soit un maître en chair et en os, soit un maître sous forme subtile; il est vrai que pour un hindou, cela ne fait guère de différence puisqu'en dernier ressort le maître dans sa forme physique, le maître sous forme subtile et le divin ne font qu'un.

Marcel Jousse, en étudiant différentes traditions dites « primitives », ainsi que la transmission de la connaissance dans les Targoûms araméens, a développé la notion de tradition « orale-globale ». Le fondement de son anthropologie est le « mimisme », la loi de l'imitation prise dans son sens fort : l'enfant apprend de ses parents d'abord en imitant, le disciple apprend de son maître en imitant également, « en écho et en miroir ». Il est intéressant de noter que René Girard, un autre penseur original, a aussi fondé son anthropologie sur cette loi première de l'imitation qu'il appelle, lui, « mimésis [14] ». Il en tire des conséquences multiples : la « mimésis » engendre la violence, tôt ou tard. Si je vois mon voisin prendre la pomme qui est devant nous, j'ai envie de prendre cette pomme automatiquement, par « mimésis ». S'il n'y a qu'une pomme, un conflit et une violence naîtront nécessairement. Cependant, dans le domaine qui nous intéresse, c'est-à-dire entre maître et disciple, la « mimésis » n'entraîne pas de conflit, car l'objet de désir commun, c'est le divin, disponible de façon illimitée. C'est le sens du proverbe indien : « Chacun cherche à être meilleur que l'autre, c'est une loi naturelle. Seuls deux types de personnes cherchent à ce que l'autre soit meilleur qu'eux : le père vis-à-vis de son fils et le maître vis-à-vis de son disciple. »

Cette loi semble tellement fondamentale qu'on en retrouve une analogie dans le domaine biologique. Vlaïl Kaznatchéev, membre de l'Académie des sciences soviétique, a fait l'expérience suivante : il a disposé deux cultures de cellules dans deux tubes à essai côte à côte. Il introduit un virus dans l'une des deux cultures et un ou deux jours plus tard, l'autre culture est atteinte de la même maladie. Il n'y a pas eu d'autre contact entre les deux milieux qu'un contact optique. L'expérience marche aussi dans une ambiance hypomagnétique. Il semble donc qu'il existe un champ non électromagnétique que Kaznatchéev a baptisé, faute de mieux, « champ informationnel ». Il correspondrait à la « couverture holographique » de Pribram, et permettrait de transmettre des informations d'une manière que nous ignorons.

L'on a tendance à sous-estimer l'imitation du maître par le disciple sous prétexte qu'elle serait mécanique, qu'elle ne ferait guère travailler l'intelligence. Il faut distinguer pour clarifier la question deux sortes d'imitations : l'imitation automatique d'un comportement isolé, ce qui est effectivement un phénomène superficiel ayant peu de valeur formatrice pour le disciple. Par contre, l'imitation consciente et constante des « manières d'être » (les hindous parlent de *bhava*) du maître par le disciple est un puissant facteur d'évolution. Pour cela, il faut que le disciple consacre du temps à méditer sur le maître : une forme de la dévotion est l'imitation dans la méditation.

Jésus considéré comme Avatar

Les hindous ont un sens prononcé de l'immanence divine qui n'est pas contradictoire avec celui de la transcendance. Dans l'expérience, les deux vont de pair. Ils voient Dieu dans une statue, dans une vache, dans un singe, dans un serpent, pourquoi pas dans un maître spirituel? Et pourtant, ils ne se disent pas idolâtres : ils développent simplement la capacité d'aller du Dieu sans forme *(nirguna)* au Dieu avec forme *(saguna)*; de même qu'il n'y a pas de blasphème à représenter Dieu, de même il n'y a pas de blasphème à reconnaître, au sens fort, Dieu dans un être humain. L'attitude scandalisée du grand prêtre, le fait de se déchirer les vêtements lorsque Jésus accepte de se faire appeler Fils de Dieu, tout cela est impensable en Inde. Les hindous se scandaliseraient plus facilement pour des questions de pureté rituelle ou de cuisine...

D'après Geoffrey Parrinder [15], il y a opposition entre un Christ humain parce que historique, et des incarnations comme Krishna et Râma, qui sont noyées dans l'irréalité du mythe.

On doit cependant dire pour expliquer la position hindoue que la plupart des fidèles de Râma ou Krishna les considèrent comme des personnages historiques. Toujours d'après Parrinder, on pourrait faire une distinction entre incarnation au sens chrétien du terme, et avatar, représentant une incarnation au sens hindou. Dans le christianisme, l'incarnation est un phénomène unique concentré dans la personne du Christ. La notion d'Avatar représenterait un phénomène cyclique, chaque cycle ayant son avatar unique.

Cette distinction n'est pas si simple : déjà, dans le domaine biblique, Parrinder essaie de distinguer clairement les théophanies (anges, visions) de l'incarnation, ces deux phénomènes définissant les « manifestations divines ». Il oublie cependant complètement de parler des prophètes, de ceux qui s'expriment « à la place » de Dieu, selon l'une des deux étymologies possibles pour ce terme. Dans quelle mesure un être humain dont toutes les paroles sont reconnues comme paroles de Dieu ne peut être considéré comme, non seulement sa manifestation, mais son incarnation? Il y a derrière ces tentatives d'opposition une rigidification de l'expérience spirituelle en catégories religieuses : pour les musulmans, tous les grands personnages de la Bible sont prophètes, y compris le Christ; pour les hindous, tous les prophètes sont des incarnations au sens large, y compris Mohamed. Ces différences de dénominations, vues sous le bon angle, favorisent l'individualisation des religions, et sous un angle plus défavorable, leur exclusivisme. Au-delà de ces étiquettes pour lesquelles certains sont prêts à entrer en guerre, l'important me paraît de méditer sur le mystère de Dieu dans l'homme, sur ces êtres qui sont à la fois intensément Dieu et intensément hommes. Si de tels êtres ont existé, continuent-ils d'exister actuellement, sont-ils manifestés ou cachés?

Saradânanda, un des douze disciples du « cercle intérieur » autour de Râmakrishna, auteur de l'ouvrage *Râmakrishna, the Great Master* [16], semble avoir une vision plus concrète que Parrinder sur la question : pour lui, il y a une continuité entre la notion de libéré vivant *jîvan mukta* et celle d'incarnation, ou avatar. L'incarnation est caractérisée par la rapidité de sa sâdhana, et le fait qu'elle descend principalement sur terre pour aider les êtres humains sur le chemin spirituel. Le jîvan mukta, lui, est libre d'aider les autres ou pas, d'être, pour utiliser la terminologie bouddhiste, bodhisattva ou arhat (solitaire qui a obtenu la réalisation spirituelle).

Râmakrishna n'a pas une idée rigide de ce qu'est une incarnation. D'après lui, « un Avatar est celui qui donne le salut. Il y en a dix, ou vingt-quatre, ou un nombre infini. Toutes les fois qu'il y a une manifestation spéciale du pouvoir de Dieu, il y a incarnation ». Et à quelqu'un qui trouvait difficile de croire à l'idée d'incarnation, il disait : « Cela n'a pas d'importance; il est suffisant de croire que Dieu existe, et que tout l'univers, tous les êtres sont sa manifestation [17]. » J'ai pu interroger à Pondichéry un très vieux disciple de Shri Aurobindo et de la Mère, Kameshwar Rao. Je lui ai demandé pourquoi, dans l'ashram, ils considéraient les gourous comme des incarnations divines. Il s'est mis à sourire comme un enfant pris en faute, et m'a répondu presque en s'excusant : « Vous comprenez, quand on est disciple, on considère toujours son maître comme une incarnation. »

Pour l'hindouisme, la notion d'incarnation et son utilité sont clairement définies dans la Bhagavad-Gîtâ : « Pour la protection des vertueux, pour la destruction des méchants, pour l'établissement de la justice, je prends naissance d'âge en âge » *(IV-8)*. La dévotion a besoin d'un support : « Abandonnant tous les devoirs, viens à moi comme seul refuge; de tous les maux je te sauverai : ne reste pas dans l'affliction [18]. »

Cette concentration sur Krishna ne doit pas simplement être comprise comme une concentration sur la divinité d'élection *(ishtha devata)* mais aussi comme une concentration sur le maître spirituel (gourou). La discipline spirituelle hindoue consiste à choisir, après mûre réflexion, un gourou, et à voir se manifester progressivement en lui l'ishta devata. Cela est illustré clairement à l'occasion de certaines fêtes : par exemple, Mâ Anandamayî apparaissant vêtue à la manière de Krishna lors des fêtes de ce dernier, ou Mâ Amritânandamayî recevant les visiteurs, à intervalles réguliers, parée des attributs de la déesse.

Lorsque Râmakrishna voyait venir une de ses disciples qui avait une dévotion particulière pour l'enfant Krishna (Gopal), il prenait la position dans laquelle celui-ci est habituellement représenté. D'un point de vue hindou, il n'y a rien que de très normal à ce que les disciples du Christ aient vu en lui à la fois leur maître spirituel et leur Dieu.

Vivekânanda raconte comment Râmakrishna a commencé à lui enseigner le Vedanta : « Au début, à Dakshineshvar, le Maître me conseillait de lire des ouvrages pleins d'idées non dualistes, qu'il interdisait de lire d'habitude aux autres disciples. Parfois, je lui disais franchement : " A quoi cela sert-il de lire tous ces livres? Rien que de penser ' je suis Dieu ' est un péché; et ces livres enseignent ce blasphème! " Le maître souriait et disait : " Est-ce que je te demande de les lire pour toi? Je te demande d'en lire un petit peu pour moi. Je t'en prie, fais-le, comme cela tu ne seras pas obligé de penser que tu es Dieu. " Ainsi, je devais à sa demande lui en lire un peu [19]. »

En signe de leur humanité, les incarnations ont elles aussi un maître spirituel : Râma, Krishna, Chaitanya Mahaprabhou ont eu leurs gourous respectifs. Dans notre précédent ouvrage *Le Maître et le Thérapeute,* nous avons vu que Jean-Baptiste pouvait être considéré comme le maître du Christ au sens traditionnel du terme puisqu'il lui a conféré l'initiation sous forme de baptême, et qu'il a été la cause, ou le prétexte, de la descente du pouvoir divin sous la forme d'une colombe. Les hindous soutiennent que l'avantage de la multiplicité des incarnations est d'éviter le totalitarisme religieux. On ne cherche pas à faire passer l'univers entier dans le lit de Procuste d'une incarnation unique, on ne donne pas à tout un chacun la même pointure de chaussure... C'est ce qu'exprime Krishna dans la Gîtâ, à condition d'interpréter, à la manière de Shankarâchârya, Krishna comme le Soi impersonnel : « Selon la manière dont ils viennent à Moi, ainsi je leur accorde ma grâce » *(IV, 11)*.

Dans l'hindouisme comme dans le christianisme, on reconnaît l'importance de la notion de « descente » du pouvoir divin. C'est une notion chère à Shri Aurobindo, mais qui est déjà comprise dans le terme « avatar » lui-même (*ava* signifie « en bas », et *tar*, « aller » [20]). Cette descente est en un certain sens une diminution. Dans l'Épître aux Philippiens, saint Paul affirme que le Christ s'est « vidé » *(ékénosèn)* pour passer de la forme *(morphè)* de Dieu à celle de serviteur. Dans le Vishnu Purana, Krishna est appelé « l'avatar de la part de la part » de Vishnou, ce qui semble vouloir dire, d'après Parrinder, que Krishna vient de la forme personnelle de Vishnou qui est une part de l'impersonnel et du non-manifesté.

C'est une erreur de refuser de voir dans le gourou l'incarnation de la grandeur divine. La Gîtâ dit : « Les insensés m'ont méprisé parce que j'ai pris un corps humain. Ils ignorent ma nature supérieure en tant que Seigneur suprême des êtres » *(IX, 11)*.

Cette méfiance à l'égard de l'aspect divin du maître spirituel est particulièrement répandue parmi les chrétiens, les musulmans orthodoxes et les bouddhistes théravadins. Peut-être que l'attachement à une grande âme du passé les empêche de reconnaître, ou même déjà de rechercher les grandes âmes d'aujourd'hui. Le maître spirituel est comme le Christ pour ses disciples, il est *anaképhaiosis*, la récapitulation de la tradition (cf. *Éph. I, 10)*. Pour Râmakrishna, la différence entre un libéré vivant et une incarnation est uniquement une différence de degré dans la manifestation du pouvoir divin [21].

Malgré l'humilité de celui-ci (il n'acceptait même pas qu'on l'appelle *Baba*, un terme de respect très courant, encore moins *gourou*), ses disciples n'ont pas hésité à lui rendre une sorte de culte. Déjà, avant la mort du maître, une assemblée de pandits s'était rassemblée et avait statué sur son cas; après examen, ils avaient reconnu qu'il avait bien tous les signes traditionnels d'un Avatar. Les pandits indiens paraissent avoir été plus tolérants que le Sanhédrin du temps de Jésus.

Vivekânanda n'était pas en faveur du culte rituel de son gourou. Cependant, il était conscient de la similitude entre la fonction de maître spirituel et la fonction du Christ : quand il a lui-même fondé l'Ordre de Râmakrishna, il a choisi de le faire une nuit de Noël, en réunissant douze membres; une quizaine d'années plus tard, il était gravement malade; deux jours avant sa mort, il servit lui-même le repas au disciple qui était chargé de le soigner, évoquant le jeudi saint. Le vendredi, en début d'après-midi, il s'est retiré dans sa chambre pour méditer. Quelques heures plus tard, on l'a trouvé mort. De nos jours, on peut voir la statue de Râmakrishna au centre des temples de la Mission. Cette dernière a demandé récemment a être considérée comme une minorité religieuse indépendante de l'hindouisme en général et donc, finalement, comme une sorte de nouvelle religion. C'était cependant pour des motifs tout à fait concrets : ils voulaient bénéficier de la réduction des impôts accordée aux minorités. Malgré tout, cette évolution est un bon exemple de la manière dont on passe de la vénération d'un maître spirituel à la quasi-création d'une religion en l'espace de moins d'un siècle. Cela n'empêche pas que les disciples de Râmakrishna soient connus pour leur tolérance; de plus, ils sont trop hindous pour pouvoir jamais proclamer que leur « homme-dieu » est le seul, ou même simplement le dernier.

Pour en revenir à l'Occident et conclure cette partie sur le Christ, « libéré vivant » et Avatar, on peut dire que le but de ce dernier n'a pas été simplement de « rassembler les brebis perdues d'Israël ». Il a voulu former certains disciples afin qu'ils deviennent maîtres spirituels, fils, un Fils? du Père à leur tour même si, comme souvent les vrais maîtres, ils ont préféré continuer à se définir comme disciples jusqu'à la fin. En ce sens, ils avaient reçu du Christ un dernier encouragement lors de la Cène : « En vérité, je vous le dis, celui qui croit en moi fera aussi les œuvres que je fais, et il en fera de plus grandes... Ne craignez pas, j'ai vaincu le monde » *(Jn XIV, 12* et *XVI, 33).*

2.

Dogmatique, politique et expérience intérieure dans les premiers siècles de l'Église

Les deux points de vue sur l'évolution du dogme

LA thèse officielle pour expliquer les définitions dogmatiques de plus en plus précises dans l'histoire de l'Église est que l'Esprit est au travail et fait progresser la connaissance humaine vers le divin. On peut rapprocher cette vision des choses de l'idée du positivisme selon laquelle la science fait progresser l'homme vers le bonheur parfait, génération après génération.

Une vision plus critique de l'histoire de l'Église voit dans ces deux millénaires de définitions, entraînant nécessairement à chaque fois des condamnations et des exclusions, une sorte de peau de chagrin qui se rétrécit de plus en plus ; de même qu'une vieille personne rhumatisante garde de plus en plus la chambre, puis se restreint au lit, de même le mystique chrétien doit, pour s'exprimer de manière orthodoxe après deux mille ans d'histoire, zigzaguer entre les divers pièges de la dogmatique ; il avance en terrain miné. Il s'exprime moins pour transmettre une expérience que pour montrer qu'il est un bon élève et qu'il a bien appris tout ce qu'on avait à la limite le droit de penser mais qu'il ne fallait surtout pas dire. Les mystiques chrétiens qui se situent à l'intérieur de l'institution disent, je le sais, que je caricature, que leur recherche intérieure consiste à faire méditer en eux-mêmes les mille et une facettes de la Vérité dogmatique ; pour ma part, je me méfie d'une recherche toute balisée, où l'on sait trop bien ce que l'on va trouver, que ce soit dans le christianisme ou dans une autre religion d'ailleurs.

Il serait certes injuste de vouloir englober tous les mystiques et théologiens chrétiens dans la même critique, mais je ne pense me défaire de l'impression que, pour certains parmi eux, la mystique consiste en une sorte de gymnastique intellectuelle où il faut à tout prix mentionner le Père, le Fils et le Saint-Esprit pour montrer qu'on n'est pas musulman, et la Présence réelle pour prouver qu'on n'est pas protestant. Si l'on s'aperçoit que les schémas intellectuels tout faits sont trop apparents, on les recouvre d'émotionnel en parlant de l'Amour toutes les deux lignes; mais cela fait de l'intellectuel enduit d'une couche d'émotionnel, ce qui n'équivaut pas au spirituel. Cela dit, chacun fait ce qu'il peut au niveau où il est. C'est certainement mieux d'avoir « de l'intellectuel enduit d'émotionnel » plutôt que rien du tout. Dans cette vision critique, l'Église est une sorte de véhicule énorme qui avance droit devant lui depuis deux mille ans et qui n'a qu'un défaut : celui de ne pas être muni de marche arrière. La volonté d'unité dans l'Église a été notablement renforcée par la vision impériale voire impérialiste du pouvoir à l'époque romaine. Hadrien, au début du IIe siècle, nous décrit sa méfiance d'empereur devant la multiplicité des cultes à Alexandrie :

« Hadrien Auguste au consul Servanius, salut! Je n'ai trouvé dans l'Égypte, que tu me vantes tant, qu'une nation foncièrement frivole, inconstante, à la merci du premier cancan venu. Les adorateurs de Sérapis y sont chrétiens et ceux qui s'intitulent évêques chrétiens adorent Sérapis... Ils n'ont qu'un seul Dieu, il est adoré des chrétiens, des juifs et de tous les autres peuples [22]. »

L'empereur Hadrien était irrité par ce système qui est au fond celui de l'Inde : une multiplicité de cultes reconnaissant qu'ils adorent tous le même Dieu suprême qui est appelé brahman dans l'hindouisme. Si ce pluralisme des cultes s'est maintenu en Inde, c'est sans doute parce qu'il correspondait au pluralisme solidement établi des castes. Pour en revenir à l'Occident, l'Église officielle semblait avoir plus peur de la concurrence des autres groupes chrétiens que des persécutions impériales elles-mêmes. Épiphane mentionne soixante hérésies dans les premiers siècles [23]. On comprend que le « marché » ait été encombré. Si l'on définit l'hérétique comme « celui qui a choisi », n'est-on pas devant le paradoxe suivant : l'orthodoxie qui s'est définie depuis le début par des choix d'exclusion successifs ne représente-t-elle pas la plus « hérétique » des tendances chrétiennes?... C'est évidemment un point de vue, mais la multiplicité des points de vue n'est-elle pas une richesse?

Revenons-en aux débuts de la transmission du christianisme par saint Paul. Il écrit aux Corinthiens : « Soyez mes imitateurs, comme je le suis moi-même du Christ » *(I Cor. 11,1).* Cette phrase ferait naturellement se demander à un hindou qui la lirait : « Comment saint Paul peut-il prétendre se poser comme imitateur du Christ alors qu'il n'a jamais vécu auprès de lui? » N'y a-t-il pas là un excès de zèle de sa part cherchant à compenser le fait qu'il ne peut être compté parmi les « heureux élus » qui ont partagé la vie terrestre de Jésus? Dès le début du christianisme, n'y a-t-il pas un paradoxe dans ce plus grand des Apôtres qui n'avait pas pu être disciple? On peut se demander si, à la suite de saint Paul, les chrétiens ne se contentent pas trop facilement de l'absence d'un maître spirituel vivant : ils compensent ce fait par une relation au Christ dont ils sont seuls à entendre la voix intérieure, par un rapport plus ou moins conflictuel avec la communauté et ses problèmes de politique interne, et par un activisme de prosélyte, tout cela en quelque sorte à la manière de saint Paul. Au début, ce dernier a essayé de parler philosophie avec les sages d'Athènes, mais il semble qu'il ait été déçu quand ils ont refusé de restreindre à la personne de Jésus de Nazareth le « dieu inconnu » qu'ils honoraient traditionnellement. De ce fait, Paul a durci son enseignement, en a fait une matière de « blanc ou noir » et a été prêcher parmi les gens pauvres et sans instruction de Corinthe où il a eu plus de succès : « Le langage de la croix, en effet, est folie pour ceux qui se perdent, mais pour ceux qui se sauvent, pour nous, il est puissance de Dieu » *(I Cor. 1,18)*. Cette insistance sur le fait de « ne pas réduire à néant la croix du Christ » avait une importance psychologique : donner un sens à la souffrance des premiers convertis, souffrance qui devait se faire sentir lourdement dans la mesure où ils appartenaient aux classes défavorisées; mais il y avait aussi dans cette insistance une signification politique : ne pas reculer devant le martyre. Pour voir les choses encore plus crûment, en faire de bons soldats.

Cela s'oppose à la vision du *Traité de la Résurrection,* un texte apocryphe découvert à Nag-Hammadi : dans une lettre à un de ses disciples, Rhéginos, le maître anonyme, donne un enseignement sur la résurrection qui serait acceptable directement par un hindou : « Ne suppose pas que la résurrection soit une apparition *(phantasia)*. Ce n'est pas une apparition, c'est quelque chose de réel. On devrait plutôt considérer le monde comme une apparition, plutôt que la résurrection... Cette dernière est la révélation de ce qui existe... Est-ce que " toi ", ton réel " toi ", est corruptible, et rien de plus?... Pourquoi n'examines-tu pas ton propre " toi " et ne vois-tu pas qu'il est ressuscité? »

Cette valorisation de la croix et de la mort volontaire, qui a caractérisé l'Église officielle depuis le début, n'était pas partagée en général par les autres groupes chrétiens. Nous y reviendrons plus loin dans une discussion sur la psychologie du martyre. Une impression hindoue intéressante a été exprimée par Vivekânanda, dont nous avons pourtant vu l'attachement à l'exemple du Christ : il ne pouvait s'empêcher de trouver que la concentration des chrétiens sur la crucifixion avait « quelque chose de théâtral ». Il est vrai que la naissance du christianisme a été traumatisante; mais il est non moins vrai que certains chrétiens conscients devraient essayer de se libérer de ce traumatisme de naissance qui handicape leur vie psycho-spirituelle. L'histoire de l'Église à ses débuts est celle d'une secte qui a réussi. Le problème d'une secte ou d'un groupe religieux est de pouvoir éveiller une intensité d'expérience intérieure sans éveiller pour autant, comme en miroir, une intolérance de la même intensité envers les autres groupes. C'est une question de maturité spirituelle dont ne se préoccupent malheureusement guère les communautés qui veulent s'étendre rapidement.

Les hindous ont un enseignement sur l'Unité très développé, mais ils voient comme une sorte de matérialisme spirituel dans le fait de vouloir à tout prix traduire cette unité suprême sous forme d'une institution centralisée, d'une Église, et de vouloir asseoir cette dernière par la croyance en un Fils unique. Même les groupes protestants qui se sont débarrassés, en partie ou complètement, d'une hiérarchie centralisée ont gardé le dogme de l'unicité du Christ : c'est en effet une pièce quasi indispensable de l'argumentation missionnaire, au point que cette notion a été rapidement promue au rang d'article de foi. Mais en voulant faire reposer sur ce dogme toute la vie mystique, peut-être l'appauvrit-on, dira un hindou. La liberté indispensable au spirituel n'est-elle pas amputée par les luttes intestines de l'institution présentée comme « l'épouse » unique du Christ?

Pour une compréhension de la Trinité en langage hindou

Dans le langage hindou, la première équivalence des fonctions du Père et du Fils pourrait être le *nirguna* (sans qualités, non manifesté) *brahman* et le *saguna* (avec qualités, manifesté) *brahman*. Les deux sont dans une relation d'unité distinction *(bhedhâbedhâ)* : ils sont unis parce que constitués de la même essence, et distincts car l'un est non manifesté tandis que l'autre l'est. Cette distinction permet d'atténuer l'opposition entre christianisme et gnose, cette dernière parlant de Dieu supérieur et de Dieu inférieur. Cependant, il n'est pas impensable d'ajouter une autre distinction à propos du Père : le Père réellement non manifesté d'une part, le Père manifesté en tant que Créateur de l'autre, les deux étant évidemment consubstantiels; l'aspect créateur correspondrait alors à peu près au démiurge des gnostiques et à l'Ishvara des hindous. A ce propos, on peut remarquer que taxer les gnostiques dans leur ensemble de dualistes tenait de la « désinformation » de la part des apologistes. En fait Valentinien, qui affirme être disciple de Theudas, lui-même disciple de saint Paul, déclare sans hésitation l'unité divine : « Il est la Racine du Tout, l'ineffable qui demeure dans la Monade en silence... puisque après tout, il était une monade et personne n'était avant Lui [24]. » Le christianisme officiel, dans sa bipolarité entre Dieu et Satan, la lumière et les ténèbres, paraîtra dualiste à un hindou. Certains missionnaires voient une annonce du Christ dans le fait que la Shvetashvatara Upanishad, tardive parmi les Upanishad majeures, commence à parler d'un Dieu personnel objet de dévotion; cependant, aux yeux de toute l'école hindoue de non-dualisme, il s'agit là plutôt d'une concession des sages *(rishi)* au peuple et à ses prêtres qui ne voient pas comment adorer un Absolu au-delà de la personne. Peut-être qu'en réalité la véritable sagesse consiste à être aussi à l'aise dans la contemplation du Dieu avec forme, personnel, que dans celle du Dieu sans forme, impersonnel.

Jésus dit lors de la dernière Cène : « C'est dans votre intérêt que je parte, car si je ne pars pas, le Paraclet ne viendra pas vers vous » *(Jn 16, 7)*. En termes de transmission hindoue, on peut comprendre que cette parole signifie l'éveil du gourou intériorisé après la mort du gourou sous sa forme physique. Le « gourou intérieur » de Jésus, dans cette interprétation, était le Père. Jésus se présente comme étant distinct de lui, par respect pour les conceptions monothéistes strictes de ses disciples; de plus, à l'évidence, Jésus ne peut dire : « Je suis le Père », car ce dernier n'est pas manifesté, alors que le Fils l'est. Le corps et l'esprit du Christ étaient limités, mais son âme ne l'est pas. En termes hindous, son âme individuelle *(jivâtma)* est unie à l'âme universelle *(paramâtma)*; bien que cela soit vrai pour chacun, il n'y a que le libéré-vivant qui en ait pleinement conscience. Il y a entre *jivâtma* et *paramâtma* une différence de degré, non de nature, comme de l'eau de mer que l'on aurait mise dans un verre n'est pas différente de l'eau de l'océan.

Pour l'Inde, maître et disciple sont dans une relation paradoxale d'unité-distinction, ce qui n'est pas sans analogie avec les personnes de la Trinité dans le christianisme. Ils sont déjà l'un dans l'autre (circuminsession) et pourtant vont l'un vers l'autre (circumincession). Il s'agit, pour reprendre l'image de Maître Eckhart, du « flot qui s'écoule en lui-même ». On peut méditer sur le Fils, disciple du Père et modèle des disciples, à propos des pièces de la liturgie de Noël qui citent un homme de David quand elles disent : *« Tu es Filius meus, hodie genui te »* (tu es mon Fils, aujourd'hui je t'ai engendré) et *« ante luciferum genui te »* (avant la lumière je t'ai engendré) : l'engendrement du Fils par le Père se fait dans l'éternel présent, au-delà du temps. De même pour les hindous, surtout pour l'Advaïta, l'engendrement du disciple par le gourou, le jeu du deux sur la toile de fond de l'Un, se fait en dehors du temps. La connaturalité et l'unité essentielle du gourou et du disciple est pour eux un fait général acquis alors que pour les chrétiens, il est réservé à la relation du Père et du Fils.

La pièce maîtresse de la liturgie de Noël en chant grégorien est le graduel : *« Verbum caro factus est, et habitavit in nobis, et vidimus gloriam suam »*, « Le Christ s'est fait chair et il a habité parmi nous et nous avons vu sa gloire ». Pour un disciple en Inde, le gourou représente le Verbe qui s'incarne. Une formule courante dit *« mantra moulam gourou vakyam »* « la racine du *mantra* (formule sacrée, ou même Verbe incarné dans le gourou qui mène à la libération si elle est répétée avec intensité au cours d'une longue sâdhana) c'est la parole du gourou ». Il y a des années de travail spirituel entre le moment où « le maître a habité parmi nous » (*éskénosèn,* littéralement « a planté sa tente ») et le moment où « nous avons vu sa gloire », ce qui correspond au salut, ou à la libération annoncée par la Transfiguration dans le cas du Christ.

Lorsque ce dernier dit qu'il reviendra, on comprend généralement qu'il reviendra comme Messie à la fin des temps, ou sous la forme de l'Esprit-Saint; mais on peut comprendre également qu'il reviendra sous forme de maître spirituel et lire dans ce sens les versets de Jean *(14, 3-4) :* « Et lorsque je m'en serai allé et que je vous aurai préparé une place, je reviendrai et je vous prendrai avec moi afin que là où je suis vous y soyez aussi. » Ce lieu où le maître spirituel inspiré par l'Esprit peut nous mener, n'est-ce pas l'état de résurrection dès cette vie?

Dans la mesure où les disciples ont été à l'école du Maître, ils savent le chemin pour devenir eux-mêmes maîtres. Le Christ a refusé pour sa part d'être limité à une réincarnation, à une répétition des maîtres précédents. Il n'est pas simplement Moïse, Élie ou Jean-Baptiste qui revient; il déclare : « Avant qu'Abraham fût, je suis. » Il est possible que les chrétiens qui ont succédé au Christ aient eu peur de cette audace, peur de franchir le dernier pas. Ils répètent qu'ils ne peuvent aller au Père que par le Fils; mais s'ils arrivent réellement au Père, où sera le Père et où sera le Fils? Toutes ces expressions ne sont-elles pas à relativiser en fonction du niveau de conscience de celui qui parle?

Le Christ a dit : « Je reviendrai » comme les bodhisattva du bouddhisme ou certaines incarnations de l'hindouisme. Dans son style passionné, Râmakrishna disait qu'il était prêt à revenir sous la forme d'un chien s'il pouvait aider à nouveau quelques êtres humains... Le roi Vipascit, tel le Christ après la résurrection, refusa d'aller tout seul au ciel et descendit aux enfers pour libérer les âmes qui y souffraient.

Pour reprendre les termes de Swami Abhishiktânanda (H. Le Saux), le gourou est le *« mysterium tremendum »,* le numineux essentiel, le Buisson ardent que Moïse ne pouvait approcher qu'après avoir retiré ses sandales. C'est le point de rencontre du connu et de l'inconnu, du visible et de l'invisible, du relatif et de l'absolu ou, en langage chrétien, de la créature avec le Créateur, du Fils avec le Père.

La fonction essentielle du Maître est de donner confiance au disciple. Le disciple, par sa pratique spirituelle, se trouve en face de son propre esprit. La nature de l'esprit est de douter. Le Maître est le moyen le plus direct pour calmer le doute du disciple car il est la synthèse indissoluble de la réalité et de la Réalité. Pour un hindou, le gourou doit toujours être considéré comme Dieu. Sa forme physique n'est qu'un canal du divin.

Il est intéressant de noter que le mot « esprit » est masculin en français comme en latin *(spiritus),* neutre en grec *(pneuma)* et féminin en hébreu *(ruah).* Dans le rite syriaque, on associe facilement l'Esprit-Saint à la Mère de Dieu à cause de ce genre féminin. Pour un hindou, un Esprit féminin semble bien plus facile à accepter qu'un Esprit masculin. Il, ou elle, peut-être assimilé à la Shakti de Dieu, c'est-à-dire à son énergie, à la fois manifestation continue, à l'œuvre dans la création, et épouse – si l'on veut aller plus loin dans la description anthropomorphique de la famille divine telle qu'elle est déjà suggérée par les personnes du Père et du Fils. Les hindous verront dans cette notion une conception psychologiquement plus équilibrée que la description d'un Dieu exclusivement mâle, Dieu jaloux, Dieu de la vengeance et des armées qui est un aspect de Dieu dans la Bible.

Si les chrétiens sont si fiers, par rapport aux juifs, d'avoir introduit la notion d'amour au sein même de la divinité, pourquoi ne vont-ils pas jusqu'au bout de leur démarche et n'introduisent-ils pas la notion d'amour entre Dieu sous son aspect masculin et Dieu sous son aspect féminin? Dans la psychologie religieuse indienne, cela serait considéré comme un facteur d'équilibre; mais une hiérarchie de clercs célibataires n'aura-t-elle pas peur de concevoir cette évolution? La bhakti hindoue, comme le christianisme, introduit l'amour dans le stade suprême de l'évolution spirituelle. Plutôt que d'obtenir le bonheur de l'unité, les fidèles de la bhakti préfèrent continuer à souffrir de la séparation pour pouvoir continuer à aimer. En cela ils rejoignent la dévotion chrétienne, comme il est joliment dit par exemple dans l'imitation de Jésus-Christ : *« Sine dolore, non vivitur in amore » :* « Être amoureux, c'est toujours douloureux... » Le Vedanta évite de mettre en avant la qualité d'amour dans l'Absolu de peur de tomber dans un anthropomorphisme facile.

Il me semble délicat d'établir un rapprochement, comme le font Swami Abhishiktânanda (H. Le Saux) et Bède Griffith entre les trois Personnes de la Trinité et la qualification hindoue de l'Absolu en tant que *Sat-chit-ânanda* (Être-conscience-félicité). Cette dernière correspondrait plutôt aux qualités divines d'être, vérité et bonté décrites par les scholastiques. Par contre, on parle trop peu, dans les livres de dialogue hindou-chrétien, de ce qui semble être le meilleur équivalent, sur le plan psychologique au moins, de la doctrine de la Trinité au sens large, la doctrine de *triputi :* cette dernière explique que le connaissant *(jnâtâ),* la connaissance *(jnâna)* et le connu *(jneya),* qui semblent trois éléments séparés dans l'expérience ordinaire, ne forment plus qu'un dans l'expérience mystique mûre. C'est donc l'idée de la Trinité élargie au champ d'une théorie de la connaissance. Il ne s'agit plus seulement de « circuminsession », de Dieu complètement présent dans chacune des Personnes, mais d'« omnisession », pourrait-on dire, de Dieu complètement présent dans chaque atome de la Nature ainsi qu'au-delà de la Nature. Le symbole de la Foi *« Quicumque »* professe : « Nous vénérons un Dieu dans la Trinité et la Trinité dans l'unité, sans confondre les Personnes, sans diviser les substances [25]. » Cela correspond à la vision hindoue de l'ensemble du monde, l'unité de substance de l'univers n'étant nullement contradictoire avec ce fait de l'expérience ordinaire qu'est la distinction des personnes et des individualités *(nâma-rupa).*

On peut parler, comme le font les orthodoxes, de « Dieu

substance » au-delà des « énergies divines »; ou bien, comme le fait Ruysbroeck, de « l'unité de nature », au-delà de la Trinité des Personnes ou bien encore, comme le fait Maître Eckhart qui, lui, a été condamné, de divinité *(Gottheit)* au-delà de Dieu; derrière toutes ces appellations, on retrouve l'intuition hindoue de Parabrahman (l'Absolu) au-delà d'Ishwara (le Dieu créateur). Maître Eckhart dit : « Jamais l'intelligence ne peut trouver le repos. Elle n'aspire pas à Dieu en tant que Saint-Esprit, pas plus qu'en tant que Fils. Pourquoi? Parce que, en tant que tel, il porte un nom. Et il y aurait mille dieux, elle percevrait encore au-delà : elle le veut là où il n'y a pas de nom. Elle veut quelque chose de plus noble, de meilleur que Dieu pour autant qu'il ait un nom » (sermon *Celui qui hait son âme,* note 50, p. 136).

Ajoutons une dernière remarque : le christianisme, en introduisant une distinction trine dans l'unité divine, souhaite éviter la platitude et l'immobilisme d'un « monothéisme monolithique ». En y regardant de près, on trouve un mouvement analogue en Inde. On parle de « non-dualité » *(advaïtâ)* et pas directement de « monisme » (qui se dirait *ekatvavâda*). Par là, on veut mettre bien en évidence l'aspect dynamique de l'Absolu qui est perpétuellement au-delà des paires de contraires.

D'après Pereira, un professeur d'histoire des religions qui maîtrise quinze langues indiennes, dont évidemment le sanscrit, il est possible d'exprimer la théologie chrétienne en des termes parlants pour les hindous, mais avec les conditions suivantes : déjà, en acceptant de faire un commentaire des Brahmâ-sûtras de Badarayana dans un sens chrétien et également en acceptant de se servir, comme référence scripturaire principale, des Vedas et de la Bhagavad-Gîtâ, et comme référence secondaire seulement de la Bible. Comme il le fait d'ailleurs remarquer avec justesse, on trouvera beaucoup plus d'éléments pour soutenir l'idée de l'incarnation divine dans la Bhagavad-Gîtâ, texte antérieur au Christ, quand elle est interprétée de manière vichnouiste, que dans l'Ancien Testament... Les écoles philosophiques de l'Inde en sont passées par là pour faire reconnaître leurs thèses. Le christianisme serait alors probablement accepté par les hindous comme une école d'unité dans la distinction *(bhedhâbhedha),* ce qui exprimerait le mieux le type de rapport entre le Dieu non manifesté (Père) et le dieu manifesté (Fils-Esprit); mais ce ne serait pas la fin du travail des théologiens chrétiens d'Inde, car il y a déjà une douzaine d'écoles d'unité-distinction représentées en philosophie indienne... Si les chrétiens n'entreprennent pas ce travail, leur théologie restera une sorte de pensée judéo-grecque déguisée sous des mots sanscrits; elle aura du mal à prendre des racines profondes en terre indienne.

Il me semble utile, en conclusion de cette partie sur la Trinité telle qu'elle peut être appréhendée par un hindou, de relativiser les discussions métaphysiques. Elles ne sont pas si importantes dans la pratique de la vie spirituelle; elles sont trop souvent devenues dans l'histoire de l'Église des sortes de slogans que différents groupes d'influence prenaient comme prétexte dans leurs luttes pour le pouvoir : par exemple, la bataille rangée qui s'est déroulée autour du *-que* du *Filioque* dans le Credo fait sourire quand elle est vue avec un peu de distance. Saint Basile de Césarée, dans le dernier chapitre de son *Traité du Saint-Esprit* [26], ne se fait guère d'illusion sur ces polémiques auxquelles il s'est laissé pourtant plus ou moins entraîner : « A quoi donc comparer la situation présente? En toute vérité, elle ressemble un peu à un combat naval qu'ont engagé, pour de vieilles querelles, des gens belliqueux rompus aux batailles sur mer et animés d'une grande colère les uns contre les autres. [...] Ce qui nous unit si fort, c'est notre haine commune contre l'adversaire. L'ennemi est-il passé? Aussitôt, nous nous traitons les uns les autres en ennemis. » Et il en vient un peu plus loin à son grief principal en tant qu'évêque, l'indiscipline : « Chaque individu estime, dans la fumée de son ignorance, qu'il n'est pas plus tenu d'obéir à quelqu'un que de commander à d'autres! »

Saint Augustin a écrit un volumineux ouvrage, le *De*

Trinitate; il a dû avoir également des doutes sur l'utilité des querelles métaphysiques lorsqu'il avoue : « Si l'on demande qui sont ces Trois, il faut reconnaître l'extrême insuffisance du langage humain. Bien sûr, on répond " trois personnes " mais davantage pour ne pas rester sans rien dire que pour exprimer la réalité [27]. »

3.

La conception de l'autorité

DANS l'hindouisme, l'autorité principale est entre les mains du maître spirituel. Au début du christianisme, il en a été ainsi quand Jésus enseignait à ses disciples; mais par la suite, l'autorité s'est concentrée dans les mains de la hiérarchie ecclésiastique. Nous allons examiner le pourquoi de cette évolution, ses ressorts psychologiques et politiques et quels sont ses avantages et inconvénients.

« Dieu, évêque invisible et l'évêque, Dieu visible »

Dans leur amour des formules bien balancées, les pieux auteurs des premiers siècles se sont laissés aller à parler de « Dieu, l'évêque invisible » et de « l'évêque, Dieu visible ». Malheureusement, tout le monde n'était pas d'accord et il a fallu faire couler beaucoup d'encre et parfois de sang pour imposer cette idée aux différents groupes chrétiens. Examinons d'abord la succession apostolique : d'après les critères hindous, elle ne peut guère être considérée comme une véritable transmission spirituelle, à part le premier échelon du Christ à Pierre. En effet, une transmission spirituelle réelle nécessite que le maître choisisse, parmi ses disciples, celui qui lui semble le plus apte.

Il le fera d'abord sur des critères spirituels. Si le successeur est élu par la communauté à la majorité, on ne peut plus parler réellement de transmission. C'est celui qui sera le plus habile pour se plier aux idées moyennes du groupe qui sera choisi.

Ce système a bien sûr beaucoup d'avantages en ce qui concerne la politique d'une grande institution mais n'a pas grand-chose à voir avec la transmission spirituelle telle qu'elle existe entre maître et disciple. Évidemment, on peut décider d'y croire; mais cela devient un acte de foi ou de discipline pure, sans garantie, « sans filets », aurais-je tendance à dire.

L'étude des textes gnostiques, y compris des textes découverts à Nag-Hammadi, nous montre que la transmission spirituelle à partir du Christ a été bien plus diversifiée que ne le suggérait l'histoire officielle. L'Évangile de Thomas, comme il se doit, fait la part belle à Thomas Didyme, « le Jumeau »; peut-être avait-il reçu ce nom parce qu'il était très proche de Jésus; c'est une hypothèse. Quelle que soit la validité de cette interprétation, le logion 13 donne une place supérieure à Thomas : « Je ne suis plus ton maître, lui dit Jésus, puisque tu as bu et tu t'es enivré à la source bouillonnante d'où moi-même je jaillis. » Il reçoit un enseignement privé de Jésus, ce qui excite la jalousie des autres disciples, y compris Simon-Pierre. Thomas leur déclare : « Si je vous disais une seule des paroles qu'il m'a dites, vous prendriez des pierres, vous les jetteriez contre moi! Un feu sortirait de ces pierres et vous seriez consumés. » Cela semble traduire un conflit ouvert entre disciples; dans le logion 12, Jésus semble remettre la transmission officielle à Jacques : « [Après mon départ], vous irez vers Jacques le Juste : ce qui concerne le ciel et la terre lui revient. »

Nous avons vu que Valentin s'est opposé à l'évêque de Rome; ses disciples ont été pourchassés par Irénée de Lyon. Valentin affirme qu'il était disciple de Theudas, lui-même disciple de saint Paul. Saint Paul a eu sa propre révélation du Christ sur le chemin de Damas, indépendante, au départ, de l'enseignement des disciples directs. Saint Clément d'Alexandrie dit que lui-même a bénéficié d'une lignée directe, de maître à disciple, remontant au Christ; comme il a senti que cette lignée indépendante ne pourra pas durer, il se décide à mettre par écrit cet enseignement et à rédiger les *Stromates;* il avoue néanmoins qu'il a peur de « jeter la perle aux pourceaux ».

Il est possible que la communauté chrétienne idéale que décrit saint Luc ait existé réellement. En tout cas, elle ne semble pas avoir duré longtemps : à témoin une lettre du Pape Clément écrite en 90 aux chrétiens de Corinthe à propos de ce qu'il appelle une « rébellion »; il donne l'avertissement suivant :

« Ceux qui refusent de " plier le cou " devant l'autorité divine représentée sur terre par les évêques, les prêtres et les diacres, seront passibles de la peine de mort [28]. » Clément était, après Pierre, Lin et Clet, le quatrième successeur de Jésus, et il a écrit cette lettre moins de soixante ans après la crucifixion du Christ : la « dégringolade » aura été rapide, point n'est besoin d'attendre la Renaissance et les Borgia. Ces condamnations à mort par correspondance évoquent plus un ayatollah récent que le quatrième successeur de Jésus. Peut-être a-t-il été appelé Clément par euphémisme...

Saint Irénée (le « paisible ») de Lyon avait-il été nommé ainsi également par euphémisme? Il s'est particulièrement acharné sur des groupes chrétiens qui n'avaient guère d'autres défauts que de se dispenser des services quelque peu encombrants des évêques. Laissons-le s'expliquer lui-même : « Les Valentiniens demandent : " Comment se fait-il que lorsqu'ils confessent les mêmes choses et qu'ils soutiennent les mêmes doctrines que nous, nous les appelons hérétiques?... " » Irénée les accuse au fond de ceci : « Ils soutiennent qu'ils ont atteint une hauteur au-delà de tout pouvoir et qu'ainsi ils sont libres à tout point de vue de faire ce qu'ils veulent en n'ayant à craindre personne en quoi que ce soit; car ils prétendent qu'à cause de la " rédemption " (*apolytrosis,* initiation propre aux

Valentiniens), ils ne peuvent être saisis, ou même perçus par le juge... » Irénée conclut son traité sur les hérétiques par une tirade qui n'évoque guère son nom de « paisible »... :

« Que ceux qui blasphèment le Créateur comme les Valentiniens et tous ceux qu'on appelle faussement " gnostiques " soient reconnus comme des agents de Satan par tous ceux qui adorent Dieu. Par leur intermédiaire, on voit que Satan, même maintenant, parle contre Dieu, ce Dieu même qui a préparé le feu éternel pour toutes sortes d'apostasies [29]. »

Il y a une loi ancienne qui dit que la violence entraîne la violence. Aussi n'est-il guère surprenant que ce même Irénée, qui a consacré une bonne partie de sa vie à éliminer les dissidents chrétiens, ait lui-même fini ses jours dans une arène.

Tertullien disait, lorsqu'il voulait défendre l'Église officielle : « Le fait qu'une discipline plus stricte existe parmi nous est une preuve additionnelle de vérité. » Un hindou dira peut-être au contraire que ceux qui ont besoin de penser comme la masse prouvent qu'ils ne sont sûrs ni d'eux-mêmes ni de leur expérience du divin. Ceux qui veulent à tout prix faire des recrues peuvent y être poussés par le besoin de recevoir de la quantité de leurs coreligionnaires une confirmation qui ne leur vient guère de l'intérieur. La structure hiérarchique a pour eux la fonction du corset de plâtre pour un patient : elle donne une impression de solidité mais entraîne une atrophie des muscles sous-jacents.

Le dualisme strict entre Dieu et la créature peut être une image en miroir du dualisme hiérarchie-fidèle et renforcer la soumission irréfléchie de ce dernier. Si Dieu et le fidèle sont considérés comme un, la hiérarchie perd beaucoup de son importance. L'islam, le protestantisme revendiquent une relation directe à Dieu tout en restant dualistes. L'hindouisme, avec sa tendance au non-dualisme, va encore plus loin dans cette possibilité de relation directe avec le divin.

Si un chercheur spirituel ne s'isole pas pour un certain temps de la communauté et ne trouve pas de maître pour le guider, il restera étroitement conditionné par les idées moyennes du groupe. Son dévouement à la cause collective, son désir de service risqueront de devenir servitude, voire même, dans certains cas, servilité. Les maîtres spirituels, sans oser le dire trop clairement s'ils sont à l'intérieur du christianisme, reprennent à leur compte la distinction de Valentin : l'Église s'occupe de l'éducation des fidèles et le maître s'occupe de mener ceux qui le souhaitent réellement à une pleine expérience du divin. Si l'institution savait limiter ses prétentions à vouloir juger de tout principalement par l'intellect, la mystique chrétienne retrouverait sans doute un souffle.

Dogmatique et célibat : quelques remarques de psychologie

Il semble y avoir un lien entre l'intolérance dogmatique et une sexualité mal sublimée. On trouve déjà des traces de cela dans l'Ancien Testament, par exemple quand Yahvé dit à Osée, je suppose de manière symbolique : « Va prendre une femme se livrant à la prostitution et des enfants de prostitution car le pays ne fait que se prostituer en se détournant de Yahvé » *(Os 1-2)*. Saint Ignace d'Antioche disait : « Tout hérétique est adultère [30]. » Cela donne l'impression que, si l'on lâche le dogme, on lâche du même coup tous les freins qui gardent de la débauche. Même si cela est vrai dans certains cas, il y a là une peur profonde qui n'est guère compatible avec une vie spirituelle saine. Tertullien, qui attaquait violemment les hérétiques du temps où il n'en était pas encore un, a écrit également des règlements pour dicter leur conduite aux femmes. Il avait été lui-même marié, mais s'indignait de la présence des femmes dans le culte et de certains pouvoirs qu'elles avaient. Les auteurs de l'époque, célibataires, parlent souvent du long martyre de la virginité. Peut-être que certains, ayant du mal à l'endurer et se sentant forcés moralement de tenir leur vœu de célibat, ont préféré courir au martyre bref de l'arène plutôt que de continuer à endurer une virginité qu'ils ressentaient comme « une mort à petit feu »; il s'agirait alors d'une déviation pathologique, de la fuite d'un conflit intérieur dans un suicide à peine déguisé. Je ne dis pas que ce facteur soit le seul dans le désir de martyre. Nous y reviendrons plus loin.

A l'opposé, les gnostiques avaient favorisé le rôle des femmes dans le culte; Valentin parle même de l'aspect féminin du divin « grâce, silence et mère de tous ». Certainement, il y a eu des excès dans quelques groupes qui devaient pratiquer une sorte de « tantrisme chrétien ». Ensuite, il était facile pour les évêques de faire de la désinformation et de sous-entendre que tous les dissidents étaient des débauchés en alimentant ainsi les fantasmes de la populace. Ils ne faisaient que reprendre la technique des autorités romaines à propos de leurs prédécesseurs, les premiers chrétiens, que l'on présentait comme des monstres antisociaux s'adonnant aux sacrifices humains... Les hérétiques prenaient sans doute des plaisirs que les évêques ne pouvaient s'offrir; c'était une raison suffisante, la jalousie aidant, pour les éliminer.

Pour aider à la sublimation sexuelle, une réactivation du mécanisme œdipien et de l'amour de la mère est un moyen efficace. En Inde, on se concentre volontiers sur la Mère divine ou sur le gourou considéré dans son aspect maternel, protecteur et nourricier. Dans le christianisme, le transfert se fait certes sur la Vierge Mère, mais il se fait aussi beaucoup sur « notre sainte Mère l'Église » : un bel exemple de ce mélange peut se trouver dans les *Confessions de saint Augustin,* en particulier à la fin de la partie autobiographique de l'ouvrage, dans les derniers chapitres du Livre IX : Augustin parle du dernier entretien qu'il a eu avec sa mère à Tagaste, près d'Ostie, puis de la mort de cette dernière. Elle avait été son maître spirituel; elle l'avait aidé à travers toute la complexité de leur relation de mère à fils à atteindre une unité intérieure, en particulier par le développement d'une capacité de continence sexuelle.

Augustin disait : *« Interposita matris auctoritate de patre creditur. »* « C'est par l'intermédiaire de l'autorité de la mère que l'on croit au père. » Sans aller chercher bien loin, cette comparaison, destinée à illustrer le pourquoi de l'autorité de l'Église, rappelle étrangement la situation familiale d'Augustin lui-même : son père absent, décédé depuis longtemps, et sa mère qui lui parle de religion sans arrêt; peut-on dire que cette relation soit un modèle d'équilibre? De toute façon, ne peut-il y avoir une relation normale au père indépendamment du discours nécessairement interprétatif de la mère?

L'inconvénient du transfert sur « notre sainte Mère l'Église », même s'il libère un peu de la pression sexuelle, est qu'il enlise de plus en plus l'aspirant dans la politique interne de l'institution et ses remous. Il croit être un grand spirituel alors qu'il gaspille la majeure partie de son temps dans des querelles de clocher ou dans des rêves fumeux sur ce qu'il ferait s'il était Pape... Les aspects négatifs de la Mère possessive, castratrice et culpabilisante reviennent alors à la surface. Comme il est très difficile pour des clercs vivant en contact quotidien avec le monde d'observer une chasteté complète, ils ressentent une culpabilité chronique, entraînant une dépendance non moins chronique vis-à-vis de l'institution-Mère.

Le « transfert affectif » sur l'Église peut mener à une véritable idolâtrie : certains pieux auteurs ont été jusqu'à parler de « l'Église présente avant la Création du monde ». Avait-elle créé Dieu le Père par décision conciliaire ou par bulle papale?...

On peut distinguer deux niveaux de transformation de la force sexuelle : le premier niveau est celui de l'*agapê,* de l'amour au sein de la communauté. Celui-ci est un prolongement de la chaleur familiale, voire en est un substitut pour les célibataires. Le second niveau, celui de la transformation complète, correspond à la gnose, à l'expérience directe de l'individu, seul et un en face du divin.

Y a-t-il un ésotérisme chrétien ?

Il est bon d'apporter quelques précisions sur cette question dans la discussion de la dialectique entre expérience et autorité spirituelles. En acceptant des différences de degrés, on peut mieux laisser vivre chacun au niveau où il est. Dans l'Ancien Testament, on trouve des allusions à l'aspect incontestablement secret de l'expérience intérieure : quand Moïse monte au Sinaï, il laisse le peuple derrière lui et gravit la montagne seul *(Ex. 10, 3)*. Isaïe s'entend dire par Yahvé : « Je te donnerai des trésors cachés, obscurs, invisibles, pour qu'ils sachent que je suis le Seigneur Dieu » *(Is. 45, 3)*. Les juifs de l'Ancien Testament avaient certainement déjà perçu la nécessité de « comprendre ce qu'il y a à comprendre », comme le diront les soufis plus tard. Une expérience que seul un petit nombre parvient à avoir est considérée comme ésotérique indépendamment de tout occultisme.

De nombreuses paroles du Christ montrent qu'il est bien conscient des différences de niveau dans la perception de son enseignement. La parabole du semeur, où il explique que la même graine se développe différemment sur des terrains différents, illustre cette idée. La discussion qui s'ensuit mérite d'être citée : « Les disciples lui dirent : " Pourquoi leur parles-tu en paraboles?

– C'est que, répondit-il, à vous il a été donné de connaître les mystères du Royaume des Cieux tandis qu'à ces gens-là cela n'a pas été donné. Car celui qui a, on lui donnera et il aura du surplus, mais celui qui n'a pas, même ce qu'il a lui sera enlevé » *(Mt. 13, 10-12)*. On ne peut guère être plus clair, et moins égalitaire, que Jésus ne l'est dans ce passage, mais cela ne correspond-il pas à la réalité des diverses compréhensions du spirituel?

Jésus parle de la porte étroite, déclare que « beaucoup sont appelés, peu sont élus ». Il cite les Écritures en disant : « J'ai joué de la flûte et vous n'avez pas dansé. » Il conseille de « ne pas jeter la perle sainte aux pourceaux ». Il ne choisit que certains disciples pour l'accompagner lors de la Transfiguration ou au Jardin des Oliviers. Il affirme devant son cénacle de disciples, lors du dernier repas : « Ce n'est pas vous qui m'avez choisi, c'est moi qui vous ai choisis. » Le fait que Jean repose sur le sein de Jésus évoque clairement le « genre du testament » : un maître y résume son enseignement avant sa mort et le transmet soit à un fils, soit à un disciple particulier en concrétisant la transmission par un contact physique. Il y a plusieurs exemples de ce genre dans la littérature juive de la période du Christ.

Comment comprendre alors des paroles comme : « Soyez tous parfaits comme mon Père est parfait * »? Il faut tenir compte du fait que le Christ dit cela lors de la dernière Cène, au cercle restreint de ses disciples qu'il avait lui-même choisis. Pourquoi répond-il au grand prêtre : « C'est au grand jour que j'ai parlé au monde... et je n'ai rien dit de secret » *(Jn 18, 21)*? Jésus cherche ainsi probablement à montrer qu'il n'a pas envie de se lancer dans des justifications. Il ne se sent pas coupable et estime qu'il n'a pas à se défendre. Dans le même sens, il a répondu : « Tu l'as dit », quand on lui a demandé : « Es-tu le Fils de Dieu? » Il ne souhaitait pas rentrer dans des polémiques.

Pour clarifier la discussion, il est utile de distinguer deux sortes d'ésotérismes : l'ésotérisme « a priori » où les critères de sélection des disciples sont sociaux ou purement intellectuels. C'était probablement l'ésotérisme des écoles de pharisiens. Par contre, il y a l'ésotérisme « a posteriori » où le seul critère de sélection est la compréhension juste par le disciple d'un enseignement qui est effectivement donné à tous mais que peu ont la capacité de comprendre. C'est un ésotérisme réaliste, c'est celui de Jésus. Il est bien distinct de l'occultisme et ne contredit

* Dans le Pentateuque, il est dit : « Soyez saint car moi, votre Dieu, je suis saint. » Peut-être cela a-t-il influencé Jésus?

pas l'utilité de l'enseignement exotérique. De même, en Inde actuellement, un gourou célèbre peut avoir des foules de fidèles mais seulement un nombre beaucoup plus restreint de disciples au sens fort du terme. C'est un état de fait.

Dans l'histoire de la chrétienté, l'ésotérisme et la gnose ont été souvent combattus, non pour des raisons de croyance – la plupart des Valentiniens avaient le même credo que l'Église officielle, bien que certains d'entre eux avec une tendance dualiste accentuée [31] – mais pour des raisons d'autorité. Leur volonté d'indépendance en faisait un contre-pouvoir dangereux. L'aspect insaisissable de « l'Église de l'Esprit » qu'ils prônaient les faisait échapper au contrôle hiérarchique. Il ne faut pas voir simplement, dans cette discussion des rapports entre exotérisme et ésotérisme, la polarité connue entre élitisme et démagogie. C'est la qualité de la transmission spirituelle qui est en jeu.

La gnose, dans son nom même, dans son sens premier, correspond en Inde au Yoga de la Connaissance *(Jñana-Yoga)*. Pourquoi a-t-elle eu tant de mal à se développer en Occident alors que son homologue hindou a eu et a toujours droit de cité dans le système religieux et en est même considéré comme le couronnement? J'attribuerai principalement ce fait à la stabilité de la relation maître-disciple en Orient, qui n'est pas troublée par les interférences maladroites d'une hiérarchie qui voudrait que tout le monde pense selon la même ligne. En Occident, on a l'impression que le réel enseignement mystique survient de manière aléatoire. S'il y a un début de lignée spirituelle, soit elle s'éteint, parfois parce qu'elle est découragée par les autorités religieuses, soit elle est diluée dans les développements rapides d'une organisation ou d'un nouvel ordre, dans ses problèmes de politique interne et de relation avec la hiérarchie centrale.

Le système de transmission hindou est loin de réussir à chaque fois, mais il semble quand même pouvoir assurer une transmission personnalisée et débarrassée des contraintes d'une autorité centrale.

La faiblesse de la gnose occidentale est due peut-être également aux gnostiques eux-mêmes : dans leur volonté d'indépendance vis-à-vis de toute autorité, ils ont négligé l'importance du maître spirituel et s'en séparaient avant d'avoir atteint une maturité suffisante, avant de pouvoir devenir maîtres eux-mêmes. Dans le monde musulman, les soufis ont été aussi persécutés; mais ils avaient une grande confiance dans leurs lignées de maîtres, dans leurs « chaînes initiatiques » *(silsila)*, et ils ont pu exister et se développer en parallèle à l'exotérisme *(sharya)*. Il faut ajouter à cela que l'enseignement du Prophète insiste sur un rapport direct avec Dieu et n'encourage pas le rôle de prêtre. De plus, j'ai pu m'apercevoir, quand j'ai exercé comme psychiatre dans un pays maghrébin, que les musulmans ne sont pas choqués par un double langage : il y a la vérité publique qui est bien distincte de la vérité privée. Cela diffère de la clarté quelque peu rigide de l'esprit romain; dans le domaine des rapports de l'ésotérisme et de l'exotérisme, la conception musulmane favorise certainement plus de tolérance mutuelle que la conception latine.

Pour conclure cette discussion sur l'exotérisme, nous pouvons faire référence aux quatre stades du développement spirituel tels qu'ils sont présentés par Ramana Maharshi et, à travers lui, par la tradition hindoue : le premier stade est celui du matérialisme, de la consommation pure et simple. Quand on s'en lasse, on en vient au second stade qui est celui de la religion. Quand on se lasse d'être un pion sur l'échiquier des manipulations socio-religieuses, on se met à la recherche d'un maître spirituel. Quand, au bout d'une longue période à son contact, on comprend la parfaite adéquation du maître extérieur et du maître intérieur, on parvient à la Réalisation. En Inde, la première chose que l'on demande à un mystique, c'est d'avoir un gourou. A défaut, il faut au moins qu'il respecte les règles de comportement, en particulier de renoncement, qui sont une sorte de base commune pour les différentes pratiques spirituelles. L'hindouisme est plus une orthopraxie qu'une orthodoxie. Dans le domaine des idées, l'aspirant spirituel a une grande liberté de penser et d'enseigner ce qui lui semble juste de son point de vue. Saint Clément d'Alexandrie sentait sans doute la nécessité de cette liberté : il conclut le Livre V de ses *Stromates* en disant : « Il est réellement nécessaire que le chercheur qui désire être parfait ait erré par bien des chemins » *(XIX, 140).*

Quel est le type d'obéissance qui fait progresser spirituellement?

Les hindous ne se reconnaissent qu'à moitié dans la notion de « vœu d'obéissance » du christianisme bien que la nécessité d'une obéissance soit également perçue dans les deux traditions. Dans l'Église grecque, une expression est presque devenue un proverbe : « obéissant comme un disciple d'ermite ». Dans ce cas, l'obéissance est un bien car l'ermite, choisi par le disciple, est supposé ne plus avoir d'ego : il s'agit de la véritable obéissance spirituelle correspondant à l'obéissance fondamentale au gourou dans l'hindouisme. Par contre, le vœu d'obéissance prononcé envers une institution me semble plus relever de la discipline militaire, même si ladite institution et ses supérieurs sont censés représenter Dieu : on s'engage, comme un bon soldat, à exécuter les ordres quoi qu'il arrive. Il peut être bon d'être « comme le cadavre entre les mains du laveur de mort » (expression utilisée par les soufis et reprise par saint Ignace de Loyola), mais encore faut-il se demander qui est le laveur de mort, un caporal ou un saint?

Dans la vie monastique grecque, on retrouve souvent une opposition entre le père spirituel et l'higoumène (responsable de communauté). Nous avons évoqué, dans *Le Maître spirituel dans le christianisme,* le cas de saint Syméon le Nouveau Théologien. La fonction du maître est surtout d'écouter, celle de l'higoumène est de diriger et de faire en sorte que les intérêts de chacun n'empiètent pas sur l'intérêt commun.

L'abus de pouvoir de l'higoumène est devenu manifeste quand il a voulu récupérer le devoir de confession au maître spirituel de toutes les pensées *(exagoreusis)* à son avantage. Cela a abouti à des confessions publiques et obligatoires qui semblent plus proches de la Chine de Mao que de l'esprit de confiance qui devait régner entre maître et disciple. Dans l'Église elle-même, il y a eu une réaction et l'on est revenu à une plus grande séparation des pouvoirs. Dans la mesure où le responsable de communauté a une fonction d'enseignant officiel, il a plus de mal à être lui-même et sans masque devant ses subordonnés que le maître engagé dans une relation privée avec son disciple. L'higoumène est amené à faire de légères entorses à la vérité « pour le bien commun ». Ainsi, il perd une bonne partie de sa crédibilité spirituelle : car comment savoir si un enseignant a vécu les expériences intérieures dont il parle, si ce n'est en étant absolument sûr de son honnêteté? Le responsable de communauté coincé dans sa position officielle et obligé de parler à tout moment risque fort de contredire tôt au tard le conseil principal du Christ à ses disciples lorsque ces derniers lui demandaient que faire. Il répondit d'emblée : « Arrêtez le mensonge » *(Évangile de Thomas, logion 6).*

Saint Benoît a voulu réconcilier, en la personne de l'abbé, le rôle du père spirituel *(abbas)* et le rôle de responsable de communauté (higoumène). Cela est à la limite possible quand la communauté est de petite taille, mais que se passe-t-il lorsqu'elle grandit ou lorsque l'abbé meurt et qu'on en élit un autre? Les vœux d'obéissance et de stabilité ne devraient-ils pas être prononcés en considérant le maître spirituel plutôt que la communauté? Cela serait un avantage spirituel certain, mais un désavantage pour la politique interne de l'Église. En effet, une communauté est plus facile à contrôler qu'un maître spirituel indépendant. Les lignées de maîtres qui ont pu réellement se développer dans l'Église ont été les lignées des Pères du désert : c'est parce qu'ils ont explicitement renoncé à interférer avec l'enseignement hiérarchique en partant dans la solitude qu'on les a laissés dire à peu près ce qu'ils voulaient à leurs disciples. Si, comme le font les gourous hindous, ils avaient eu des velléités de sortir de la solitude après quelques dizaines d'années et d'aller enseigner le peuple, les rapports avec la hiérarchie seraient sans doute devenus plus tendus.

Dans l'hindouisme, il y a certes une orthodoxie brahmine qui peut être très contraignante, au niveau social et rituel surtout, mais on s'accorde pour reconnaître la supériorité du gourou qui parle du divin directement d'expérience. De plus ce dernier vit directement des donations de ses disciples; en cela, il est indépendant de la société et de toute hiérarchie. A l'inverse, dans les Églises, les clercs et religieux sont des salariés. De ce fait ils sont liés par une dette de reconnaissance, parfois même par la contrainte matérielle directe et ne peuvent se permettre d'exprimer une critique sérieuse à l'égard de ceux qui les nourrissent.

Heureusement pour le mystique, il a la capacité de transcender l'environnement. S'il a trouvé la joie intérieure, il la conserve partout quelles que soient la bizarrerie des supérieurs ou la sévérité de la clôture dans laquelle il est enfermé, s'il est moine.

Centralisation de l'autorité et volonté d'expansion

Il est historiquement clair que l'Église a repris à son compte l'idée de suprématie romaine quand celle-ci a disparu sous le coup des invasions barbares. L'impérialisme clérical a remplacé l'impérialisme militaire; cela avait l'avantage d'être rassurant pour les esprits, de donner quelque chose à quoi se raccrocher, un sens de l'identité au sein d'une période trouble.

De même en notre siècle, on peut observer que l'Église joue un rôle crucial quand l'identité culturelle est en péril : Liban, Irlande du Nord, Pologne. Le Pape avait repris pour sa cour un certain nombre d'éléments de la cour impériale romaine. Il a été associé à l'empereur tout au long de l'histoire de la chrétienté. Charlemagne était associé au roi David par ses courtisans; il se considérait comme l'équivalent du Pape dans le domaine temporel; il se considérait même un peu supérieur à lui : en observant l'architecture palatiale d'Aix-la-Chapelle, on remarque que le trône de l'empereur était situé un peu au-dessus de celui réservé au Pape... Il avait en commun avec la Papauté une volonté d'uniformisation de l'organisation religieuse, de la liturgie et du chant de l'office et de la messe, ce qui a été excellent pour le bien temporel de son empire; mais cela n'a probablement pas favorisé le bien spirituel des petites communautés monastiques qui se sont vu imposer des règles dont elles n'avaient guère besoin. Il y a eu un phénomène d'appauvrissement des diverses traditions régionales [32].

Pour en revenir aux premiers siècles, on peut essayer de suggérer quelques raisons à l'expansion du christianisme : certes, une autorité centralisée donnait à l'institution une force que n'avaient pas, en général, les autres sectes. La mise en avant de l'*agapê* (amour fraternel) avait plus d'attrait sur les masses que la gnose pure, dépourvue de charmes immédiats et difficile d'accès. La valorisation de la souffrance donnait un sens à la vie pénible des basses classes au sein desquelles les missions se sont d'abord développées. Ce sont des éléments positifs de force interne du christianisme qui sont connus. On parle moins cependant de la faiblesse de ce qui, de l'autre côté, aurait pu contenir l'expansion de l'Église officielle. Les gnostiques, quand ils étaient des mystiques authentiques, n'allaient pas risquer leur vie à se disputer avec des évêques intolérants. D'autre part, quand ils étaient de simples prêcheurs dépourvus de qualités éthiques, leur crédibilité disparaissait rapidement. La religion d'État, force politique, avait perdu de sa force spirituelle : on n'y croyait plus. Dans ce contexte, peut-on dire que le christianisme a remporté une victoire par forfait? Il n'est pas interdit de voir les choses aussi sous cet angle, même si cela ne correspond pas, on peut s'en douter, à la vision officielle que l'Église a de sa propre histoire *.

Décentralisation actuelle et demande d'inculturation

La nouvelle théologie de l'inculturation qui se développe dans le tiers monde, et particulièrement en Inde, depuis Vatican II, tend vers une décentralisation. On commence de plus en plus à entendre des chrétiens indiens manifester un désir d'évolution des « églises locales en Inde » vers des « églises locales d'Inde ». Un jésuite comme le Père Aloysius Pieris s'est fait l'un des champions de cette inculturation [33]. Il n'est pas inutile de donner un aperçu de certaines de ses idées.

Il critique déjà la notion même d'inculturation : ce mot présuppose une séparation entre culture et religion, séparation qui existe peut-être dans l'esprit des Occidentaux, mais que les hindous ne perçoivent pas comme telle. Il ne se satisfait pas d'un simple emprunt de formes culturelles hindoues par le christianisme. Cet emprunt risque en effet d'éveiller la suspicion des hindous plus que de les rassurer. Ils y décèlent une technique missionnaire détournée pour faire de nouveaux convertis, et disent : « Ces chrétiens ressemblent à des caméléons qui prennent la couleur de leur environnement pour mieux dévorer leur proie » (p. 100). La culture et la philosophie indiennes n'acceptent pas de devenir une *ancilla theo-*

* Une étude que j'ai écrite sur le gourou hindou et le saint au Moyen Age ainsi qu'à l'époque classique sera publiée séparément. En bref, le saint du haut Moyen Age, défini avant tout par la reconnaissance populaire *(vox populi, vox Dei)*, a de grandes similarités avec le gourou hindou. Par contre, à partir du XIIIe siècle, le développement des procès de canonisation centralisés par Rome sclérosent la notion de saint vivant et contribue à stériliser les capacités d'enseignement effectif de celui-ci ; il est vécu par la hiérarchie, derrière des louanges officielles, comme une sorte de concurrent difficile à discipliner.

logiae, une servante de la théologie, comme l'était devenue la philosophie grecque lors de l'essor du christianisme. Il suggère que, maintenant, les jeux sont peut-être inversés; c'est le christianisme qui est devenu la religion d'un empire – ou d'un impérialisme – vieillissant, et ce sont les groupes de spiritualité orientale qui pourraient représenter les premiers chrétiens venant ébranler la religion établie sur son propre terrain, c'est-à-dire l'Occident.

Il estime que la « théologie de l'accomplissement » ne va pas assez loin. Cette théologie, énoncée par les Pères de l'Église et reprise par Karl Rahner et le Concile de Vatican II, affirme que les religions non chrétiennes sont basées elles aussi sur le Christ malgré les apparences, mais qu'elles ne s'en aperçoivent pas. Toutefois, si le Christ est apparu de manière déguisée dans l'hindouisme ou le bouddhisme, pourquoi ne pas soutenir à l'inverse que Jésus était par exemple un « bouddha solitaire » *(pratyeka buddha)* qui avait pressenti la vérité du Dharma sans être parvenu à l'exprimer complètement? Ce genre de débat peut être continué indéfiniment...

Il est trop facile, dit-il, de « baptiser » ainsi les cultures, les coutumes et les religions orientales à défaut de réussir à baptiser les personnes. Il prône l'imitation de l'exemple symbolique du Christ dans le Jourdain, fleuve qu'il compare aux religions asiatiques. Le Christ a eu l'humilité de se dépouiller et de se faire baptiser, comme beaucoup d'autres, par Jean-Baptiste qui représente le « gourou » des religions de l'Inde. Une fois que Jean-Baptiste a reconnu sa valeur publiquement, Jésus a eu l'autorité aux yeux des gens pour commencer sa mission (p. 88). Il est intéressant de voir jusqu'à quel point Pieris va (p. 99) :

« La crise de la mission ne sera résolue que si l'Église est baptisée dans le Jourdain, c'est-à-dire dans la double tradition libératrice des moines et des paysans d'Asie. A l'exemple de son maître, cette Église en Asie doit s'asseoir aux pieds des gourous d'Asie, non comme *ecclesia docens* (Église enseignante) mais comme *ecclesia discens* (Église disposée à apprendre), qui accepte de se perdre parmi les pauvres religieux d'Asie, parmi les *anawim* qui viennent à leurs gourous en quête du royaume de sainteté, de justice et de paix. Les nombreuses initiatives individuelles en ce sens ne sont que des commencements symboliques. Tant que l'Église institutionnelle elle-même n'osera pas ce plongeon, elle ne pourra espérer représenter pour les Asiatiques une parole révélatrice compréhensible ou un signe de salut crédible. »

4.

Le désir de martyre, pathologie ou sainteté?

Le martyre existe déjà dans le judaïsme, c'est aussi un trait important du christianisme, surtout à ses débuts; par contre, il n'existe guère dans l'antiquité païenne, Socrate étant l'exception qui confirme la règle. Lorsque, comme Socrate, Aristote a été menacé de mort, il s'est enfui de la Cité : « Pourquoi, dit-il, permettre aux Athéniens un nouveau crime de lèse-philosophie [34]? »

Saint Clément d'Alexandrie a dû avoir le même raisonnement lorsque après avoir glorifié dans les *Stromates* (Livre IV) le martyre il a fui Alexandrie lors des persécutions de Septime Sévère en laissant sa place d'enseignant à Origène... Peut-être pensait-il au conseil du Christ : « Quand ils vous persécuteront dans cette ville, allez dans une autre » *(Mat. X, 23).*

Le martyre est attesté dans la Bible, surtout depuis la période des Maccabées. La volonté de souffrir et mourir pour la Torah *(I Mac. 2, 50)* peut aller jusqu'au suicide violent. Razis, qu'on appelait le Père des Juifs à cause de son affection pour eux, était cerné de toutes parts par les troupes ennemies : « Il choisit noblement de mourir plutôt que de tomber entre des mains criminelles et de subir des outrages indignes de sa noblesse. Son coup ayant manqué le bon endroit dans la hâte du combat, et les troupes se ruant à l'intérieur des portes, il courut allègrement en haut de la muraille et se précipita avec intrépidité sur la foule. Tous s'étant reculés aussitôt, il s'en vint choir au milieu de l'espace vide. Respirant encore, et enflammé d'ardeur, il se releva tout ruisselant de sang et malgré de très douloureuses blessures, il traversa la foule en courant. Enfin, debout sur une roche escarpée et déjà tout à fait exsangue, il s'arracha les entrailles et, les prenant à deux mains, les projeta sur la foule, priant le maître de la vie et de l'esprit de les lui rendre un jour. C'est ainsi qu'il mourut » *(II Mac. 14; 43-46).*

D'un point de vue psychologique et spirituel, le martyre a l'avantage de donner un exemple de courage et de témoigner de sa foi dans le fait que la Réalité et la Conscience sont indépendantes du corps. Le martyre a aussi un intérêt politique. René Girard a montré combien le mécanisme du bouc émissaire, du sang versé était nécessaire à la fondation d'un groupe humain. D'habitude, celui qui était sacrifié était présenté comme coupable par les sacrificateurs. Dans la Bible, on se met à démasquer progressivement ce mécanisme. Isaac, Abel, Joseph, le serviteur souffrant d'Isaïe ne sont pas coupables. Cette prise de conscience culmine dans la Passion du Christ. Ce n'est plus le persécuté, mais le persécuteur qui est coupable. Le mécanisme est inversé et il le reste dans la conception chrétienne du martyre. Pour Girard, qui s'intéresse particulièrement au christianisme, ce progrès est unique dans l'histoire de la conscience religieuse et même de la conscience tout court. Cependant, je vois chez les mystiques chrétiens et chez les sages de l'Inde un progrès encore plus grand : la sublimation du sacrifice par son intériorisation. Cette évolution est perceptible en Inde dès le passage des mantras védiques aux Upanishad, avant le Ve siècle avant J.-C.

Parmi les Pères du désert, après les grandes persécutions, il semble que certains aient réussi complètement cette sublimation alors que d'autres ne l'ont réussie qu'à demi. Ces derniers sont les ascètes purs et durs qui martyrisent leur corps par déception de n'avoir pu être dévorés par les lions, « comme au bon vieux temps »... Il est vrai qu'en demandant seulement à leurs disciples de peu manger et de peu dormir, ils étaient plus doux que les évêques qui demandaient à leurs fidèles de faire face aux bêtes de l'arène, y compris à des enfants comme sainte Blandine de Lyon au IIe siècle. L'ascèse de certains moines du désert était une violence sacrificielle retournée contre soi. On en retrouve une trace dans la prière constante qui était sur leurs lèvres : « Seigneur Jésus, aie pitié de moi, pauvre pécheur. » Certes, on peut dire que piétiner son ego, ce n'est que lui administrer le traitement qu'il mérite; mais cette méthode est une épée à double tranchant. Elle peut aussi installer celui qui la pratique dans une complaisance douloureuse à propos de sa bassesse. On part avec la bonne idée d'oublier son ego, mais en fait, on y pense plus car celui-ci devient douloureux à force d'avoir été martelé; comme on le dit en Inde : « On devient ce que l'on pense être. »

Les *mantra* hindous semblent plus sains psychologiquement : ce sont des prières de louanges, destinées à rappeler à l'homme sa nature divine, et c'est tout. Cependant, certains Pères du désert semblent avoir atteint la sublimation sacrificielle complète et la liberté qu'elle procure. L'un d'eux pouvait conseiller : « Tout ce que ton âme désire accomplir selon la volonté de Dieu, fais-le, et elle sera sauvée [35]. »

Chez les hindous, on retrouve cette différence que nous venons d'évoquer : il y a le *tapâsvin,* l'ascète pur et dur qui retourne son agressivité contre lui-même et le *jîvan mukta,* le libéré vivant, qui est parvenu à l'effort sans effort. Il a tellement pratiqué la maîtrise de son propre esprit qu'elle est devenue comme une seconde nature, elle joue de manière spontanée.

Nous pouvons réfléchir sur cette question de Jésus et du saint chrétien sous leur aspect de victime en méditant sur le symbolisme de l'Agneau : certes, l'Agneau est rapproché du serviteur souffrant d'Isaïe, persécuté injustement, mais il est aussi l'Agneau pascal grâce auquel Israël a été libéré d'Égypte et l'Agneau à sept cornes, le vainqueur de l'Apocalypse qui épouvante les grands de la Terre *(Apoc. 6, 15-16).* Il est « l'Agneau tout-puissant ». L'Agneau christique « prend sur lui le péché du monde » et en meurt. Le maître hindou lui aussi prend sur lui le péché, le karma de ses disciples mais en principe ne sacrifie pas pour cela son propre corps dans le contexte d'une mort non naturelle.

Il y a cependant une histoire étrange dans la vie de Shankarâchârya, le sage védantique : ce dernier semble accepter la perspective d'une mort violente. Un pratiquant tantrique, jaloux de lui, lui dit de venir à minuit, car il a besoin de lui couper la tête pour réussir dans ses pratiques magiques. Shankarâchârya, n'ayant pas d'ego, ne voit pas pourquoi il refuserait d'aider ce sâdhaka en difficulté et se rend au rendez-vous macabre. Heureusement, nous sommes en Inde : un disciple de Shankarâchârya perçoit avec son troisième œil le danger dans lequel se trouve son maître, envoie un « missile psychique » sur le tantrique qui est démoli en un rien de temps : tout est bien qui finit bien, le maître revient indemne.

Si l'on reconnaît le fait que le sage puisse accepter la mort par absence totale d'ego, on peut « dédramatiser » quelque peu la mort de Jésus : celui-ci savait très bien qu'il y avait eu une émeute contre les Romains qui avait fait trente mille morts à Jérusalem, ce qui représentait beaucoup pour un petit pays. Il sait aussi que cela risquait de recommencer en prenant son nom comme prétexte pour le massacre. Il comprend le point de vue du grand prêtre qui cherche quelqu'un pour « mourir à la place du peuple », étant donné la conjoncture historique particulière dans laquelle il est engagé. Il en profite en passant pour donner une leçon de détachement à ses disciples. Le fait qu'il dise à Pierre de ne pas le défendre est une question de bon sens : les serviteurs du grand prêtre étaient nombreux, Jésus n'avait avec lui que Pierre, Jacques et Jean. Pierre aurait été sûrement tué, ce qui aurait été parfaitement inutile; en plus, cela aurait compromis les projets d'avenir puisque Jésus comptait sur lui pour lui succéder.

Cette interprétation a l'avantage de dégager les faits de deux dramatisations également nuisibles : d'abord, celle qui considère que Jésus a été sciemment et méchamment persécuté par les Juifs pervers. En effet, cette logique pathologique de persécuté-persécuteur, une fois inversée, est une source de racisme évidente. La seconde dramatisation dont il est utile de se dégager est la projection métaphysique que fait saint Paul d'un événement historique malheureux : d'après Paul, le Père a demandé à son Fils d'offrir son sang pour le péché du monde. De quelque manière que l'on considère cette interprétation, elle ne peut guère être considérée comme rationnelle, ni même comme raisonnable. Elle obéit, par contre, parfaitement à la logique sacrificielle de toute religion primitive : les malheurs qui surviennent, quels qu'ils soient, sont la vengeance d'un Dieu sanguinaire qu'on n'a pas assez satisfait par des sacrifices et qui réclame une offrande majeure, par exemple le sang de son fils, pour être repu, on ne sait pas très bien pour combien de temps. L'interprétation de la Passion par saint Paul fait régresser l'enseignement de Jésus à un niveau quasi animiste. Certes, il s'agit déjà d'une sublimation en présentant la mort du Christ comme le dernier des holocaustes. Malheureusement, était-ce bien le dernier? La mort violente de presque tous les apôtres, puis des martyrs chrétiens représente un holocauste bien plus grave que le sacrifice d'un bétail qu'on a de toute façon continué à tuer de manière « laïque » pour le manger.

Par là, je ne veux pas « réduire à néant la croix du Christ » *(I Cor. 1, 17)*. Je souhaite seulement qu'on puisse la regarder avec le minimum de projections psychologiques bizarres. La représentation du Christ ressuscité représente bien cette difficulté, cette problématique du christianisme : un corps lumineux, translucide, presque irréel, auquel il faut croire, mais marqué de stigmates qu'on peut par contre palper à la manière de saint Thomas. Elles sont le signe d'une souffrance qui, elle, ne peut être remise en doute. Les hindous, comme Aristote que nous avons cité plus haut, ne voient pas l'utilité du martyre : ils considèrent que la faute légère de fuir la persécution ou de sacrifier à une statue sans trop de conviction est bien moindre que celle d'amener le persécuteur à commettre un crime.

On peut parfois discerner dans le désir de martyre ce que l'on appelle en psychologie une attitude contra-phobique. Le candidat au supplice a un doute secret quant au bien-fondé des croyances qu'il défend; ce doute lui fait tellement peur qu'au lieu d'y faire face, il préfère se « jeter à l'eau » et aller à la mort : en un sens, c'est plus simple.

Certes, la société indienne a sa violence, a ses boucs émissaires comme toutes les sociétés; il s'agit surtout des hors-castes; mais la notion de persécution n'a pas fait son entrée dans le domaine spirituel à proprement parler et, en cela, je pense que l'Inde donne aux religions du Livre une leçon de santé psychologique *.

Les premiers chrétiens, qui endoctrinaient des enfants comme sainte Blandine pour aller se faire torturer et tuer, représentaient une secte dure. De nos jours, leurs responsables auraient sans doute été emprisonnés sous le coup de la loi anti-secte. La question du martyre était un point de dissension majeur entre les extrémistes, c'est-à-dire l'Église officielle, et les modérés, c'est-à-dire les gnostiques; ces derniers ne voyaient pas d'utilité spirituelle à la mort volontaire. Leur enseignement sur la souffrance était plutôt thérapeutique comme celui de l'Orient : « Apprenez à souffrir, et vous serez capable de ne plus souffrir » *(Actes de Jean)*.

Les discussions pour savoir si Jésus avait réellement souffert sur la Croix, était réellement mort et ressuscité, n'étaient pas des débats de pure métaphysique. Leurs retombées politiques étaient immédiates : faut-il, oui ou non, accepter de confesser la Foi jusqu'au martyre? Les officiels de l'Église disaient que oui; ils voulaient avoir sous leurs ordres une milice disciplinée prête à aller à la mort si la stratégie de l'institution l'exigeait. Les gnostiques disaient non; à cause de cela, ils étaient considérés comme des « faux frères » : ils s'attirent dans les textes

* La séparation claire que fait l'hindouisme entre le *kshatriya*, responsable de la défense armée et le brahmine, responsable de l'enseignement religieux, aide à comprendre pourquoi un hindou n'éprouvera pas le besoin de donner sa vie pour de simples idées religieuses.

d'Irénée de Lyon plus de violence que les persécuteurs romains eux-mêmes; en effet, en remettant en cause « l'épidémie émotionnelle du martyre », ils faisaient plus pour saper le courage et semer le doute dans l'esprit des candidats à l'arène que ne pouvait le faire la violence brute des autorités romaines et de la populace *.

Les gnostiques critiquent Tertullien quand ce dernier déclare : « Je désire souffrir le martyre afin d'obtenir de Dieu le pardon complet de mes péchés en échange de mon sang [36]. » Ils mettent en doute que Dieu puisse aimer les sacrifices humains : c'est une notion primitive qu'ils n'estiment pas digne d'une religion évoluée : « Ce sont eux (les évêques officiels) qui oppriment leurs frères en disant : " A travers ce martyre, Dieu nous montre sa miséricorde puisque le salut nous en vient... " Ils sont dans l'erreur en croyant qu'ils vont vivre éternellement en se précipitant chez les autorités (pour se faire martyriser). »

D'un point de vue psychopathologique, on peut parler de délire de culpabilité poussant à un suicide collectif. Dans le domaine purement politique, il y a eu un exemple récent de ce type de comportement en Inde. En septembre-octobre 1990, deux cents adolescents se sont brûlés vifs parce qu'ils refusaient une loi voulant réserver un fort quota dans les emplois de l'administration aux basses castes. Cela dit, même si les hindous meurent dans des luttes avec les musulmans, on ne va pas leur rendre un culte en tant que martyrs de la seule vraie religion et l'on ne se sert pas de leur mort pour chercher à convertir les ennemis en leur donnant mauvaise conscience.

Les Japonais acceptent dans leur société le suicide à portée politico-sociale.

Pour en revenir à la psychologie du martyre en Occident, il n'est pas inutile de rappeler que la secte de Jim Jones n'était pas orientale, mais chrétienne dans son inspiration. Jim Jones a entraîné neuf cents de ses fidèles dans le suicide, il y a une

* Ces réflexions aident à mieux comprendre pourquoi, dans le christianisme, la notion de martyre a une forte charge passionnelle et pourquoi la remettre en question semble ébranler les fondements mêmes de l'Église.

dizaine d'années à Guyana, en leur demandant de boire du jus d'orange « amélioré » au cyanure... Il semble qu'un facteur déclenchant de sa psychose ait été une interprétation pour le moins personnelle de l'*Apocalypse.* A l'époque classique, Corneille a bien analysé le mélange d'exaltation mystique, de dépendance affective et de désir de mort intervenant dans le martyre à propos du personnage de Polyeucte. Quelle que soit la valorisation du don de la vie pour la Foi dans les trois religions du Livre, le fait que ce même don ne soit guère pris en compte dans des traditions spirituelles vénérables comme l'hindouisme ou le bouddhisme devrait faire réfléchir les fidèles par trop zélés.

5.

Le maître spirituel et la méditation

Ni les communautés, ni les traités, ni les lettres pastorales ne peuvent enseigner la méditation et l'oraison profonde. Tout au plus peuvent-ils donner une préparation générale, et des sortes « d'expériences préliminaires ». Le rôle du maître spirituel est d'y mener le disciple, pourvu que ce dernier soit ouvert; une bonne partie de cet enseignement passe en effet en dehors des mots. Dans le catholicisme actuel, on a peu recours aux maîtres spirituels, et il semble que ces derniers ne se manifestent guère; il paraît n'y avoir ni beaucoup d'offres ni beaucoup de demandes sur ce plan-là. L'évolution mystique est alors considérée comme une sorte d'accident, comme une aventure non seulement purement individuelle et subjective, mais, qui plus est, aléatoire. Au terme de cette étude sur l'expérience spirituelle et l'autorité institutionnelle, il me semble opportun de considérer la méditation chrétienne dans ses similarités et différences avec la méditation orientale. Nous prendrons comme base de réflexion la lettre du cardinal Ratzinger sur *Quelques aspects de la méditation chrétienne* [37].

Il y aurait beaucoup de choses à dire sur cette lettre. J'en reprendrai seulement quelques points en essayant de me mettre à la place d'un hindou et en essayant d'imaginer l'effet qu'elle pourrait avoir sur lui s'il la lisait.

La première question qu'il poserait pourrait être : « Pourquoi ce cardinal a-t-il écrit un tel texte? » Il paraît clair que c'est pour défendre la méditation chrétienne; mais pourquoi avoir besoin de la défendre? Serait-elle si faible qu'elle ne puisse se défendre elle-même contre la concurrence d'autres types de méditations?

La discussion se centrerait ensuite sur la question des techniques. Le méditant hindou acceptera volontiers qu'aucune technique strictement codifiée ne puisse mener à l'Ultime. En cela, les deux grandes voies de l'Inde, celle de la dévotion et celle de la connaissance, sont d'accord avec le christianisme. Cependant, les techniques sont fort utiles pour les « débutants », le stade de débutant pouvant durer, dans la définition hindoue, quelques années, quelques décennies ou voire même quelques vies puisque l'Inde croit en la réincarnation. Si les « techniques » étaient réellement contraires à l'esprit de l'Église, pourquoi accepterait-elle la prière de Jésus, le chant grégorien ou les Exercices de saint Ignace? Le cardinal Ratzinger suggère que les techniques contredisent l'esprit d'enfance; mais l'esprit d'enfance est quelque chose de fort délicat à trouver : pour cela, il faut connaître parfaitement son propre esprit, et des techniques ne peuvent qu'y aider. Sinon, l'esprit d'enfance risque fort d'être teinté d'infantilisme.

Il cite, pour essayer de minimiser les techniques spirituelles, sainte Thérèse d'Avila; mais cette dernière écrit : « Si les âmes savaient comment s'y prendre, elles pourraient toutes arriver à Dieu. » Elle suggère ainsi, comme la plupart des Orientaux, qu'il y a des moyens pour faire en sorte que la méditation soit meilleure, moyens que l'on peut apprendre de quelqu'un d'autre ou que l'on découvre par sa propre pratique. De plus on ne peut que se méfier de voir utiliser les écrits de sainte Thérèse pour soutenir une orthodoxie stricte; il suffit de se souvenir de l'ambiance dans laquelle elle a vécu : c'était la sombre époque de l'Inquisition. Thérèse n'allait pas courir le risque de ruiner son travail de réformatrice du Carmel en parlant d'expériences ne correspondant pas au dogme. Elle avait l'exemple de son ami, Jean de la Croix, qui avait été emprisonné neuf mois et flagellé chaque semaine, nous l'avons vu, pour avoir fait preuve d'un minimum d'esprit d'indépendance. Sainte Thérèse pouvait se permettre des hardiesses psychologiques, mais n'avait guère la possibilité d'audaces doctrinales. Ses écrits ont commencé par être interdits par certains inquisiteurs avant d'être autorisés par d'autres. Dans ce contexte de contrôle policier, comment ne pas prendre avec un grain de sel les déclarations « orthodoxes » de sainte Thérèse? De toute façon, elle n'avait pas le choix d'être hétérodoxe si elle voulait le minimum de liberté d'action.

Nous en venons au point central de la discussion, en fait esquivé par le cardinal Ratzinger : ceux qui pratiquent suffisamment des techniques traditionnelles de méditation développent une maturité réelle dans leurs rapports avec le divin et, un jour ou l'autre, ils n'ont plus besoin de cet intermédiaire encombrant qu'est la hiérarchie ecclésiastique. Au contraire, ceux qui se fient exclusivement à la grâce s'entretiennent trop souvent dans un état de dépendance : dépendance envers le divin, ce qui n'est pas si gênant puisque le divin est aussi en eux, mais dépendance également envers une lourde organisation, et c'est là que les choses se compliquent. Un hindou ne contesterait pas qu'une concentration complète sur la personne du Christ puisse mener à un très haut stade de développement spirituel; la pratique de la plupart des hindous consiste également à concentrer leur dévotion sur un dieu-homme (Râma, Krishna ou d'autres considérés comme avatars). Cependant, il discernerait aussi le risque de déviation sectaire d'une telle pratique, surtout en voyant à quel point la hiérarchie a insisté tout au long de son histoire sur l'association de la personne du Christ avec cette personne collective qu'est l'Église. Elle en a fait un article de foi. On essaie de présenter les deux unis, comme l'époux et l'épouse, afin que nul n'ait l'idée de se centrer sur le Christ sans se préoccuper outre mesure de l'Église. Cette personnalisation de la communauté est étonnante pour un hindou. D'ailleurs, un des traits caractéristiques de l'acculturation du christianisme en Inde semble « être de dissocier la personne du Christ, sur laquelle on insiste, d'une organisation centralisée dont on se détache ».

Le cardinal Ratzinger essaie également de présenter la voie de la théologie négative comme marginale dans l'Église (p. 11). Il s'agit d'une voie consistant à rejeter toutes les idées qu'on se fait de Dieu comme des formes subtiles d'idolâtrie pour atteindre une expérience purifiée du divin par cette dynamique incessante. Cette méthode correspond au « pas ceci, pas ceci » *(neti, neti)* des Upanishad ou au bouddhisme, en particulier dans l'école Mâdhyamika, exposée par Nâgârjuna; mais le cardinal oublie de mentionner l'influence considérable qu'a eue sur la mystique médiévale l'ouvrage de Denys l'Aréopagite (aussi appelé « Pseudo-Denys ») *Les Hiérarchies célestes,* qui expose la *via negativa.* Toujours dans le sein de l'Église officielle, le *nada, nada* (rien, rien) est un exemple typique de *via negativa.* Certes, le cardinal a raison de suggérer que les chrétiens connaissent mal leur propre tradition mystique, et qu'ils devraient l'étudier plus; mais de son côté, il devrait être attentif à ne pas en esquiver des parties qui me semblent essentielles, par exemple la théologie apophatique (c'est-à-dire négative).

Le cardinal Ratzinger en vient même à critiquer les chrétiens d'Orient en disant que leurs techniques psychophysiologiques de prière peuvent mener à une idolâtrie du corps. Pour un hindou, il est évident que c'est l'homme ordinaire qui considère le plus le corps comme une idole. Son activité mentale de base est constamment conditionnée à son insu par le corps, elle semble uniquement destinée à soulager ses peurs et à satisfaire ses désirs. Le seul vrai moyen de mettre fin à cette idolâtrie, ce n'est pas de la dénier, mais c'est au contraire de la regarder en face. Étudier l'esprit, c'est étudier la conscience que l'on a du corps dans l'instant et s'en désidentifier. Dans la voie de la dévotion, une concentration intense sur le Christ amène un éveil des sensations corporelles non moins intense, dont on prend l'habitude de se désidentifier au fur et à mesure. Qu'on suive la voie de la connaissance ou celle de la dévotion, les phénomènes de base sont les mêmes, seul le vocabulaire diffère quelque peu.

On peut chercher Dieu dans différentes sectes ou Églises, mais c'est finalement en soi qu'on le trouvera. Il semble que le cardinal Ratzinger, dans sa peur de « l'immanentisme » oriental, et surtout de l'indiscipline, en vienne à appauvrir et à dessécher sa propre tradition catholique. Il paraît avoir même oublié le célèbre passage des *Confessions* de saint Augustin où celui-ci développe l'idée : « Je cherchais Dieu au-dehors, et voici qu'il était en moi... »

Bien que le cardinal ait dit au début de sa lettre qu'il n'empiéterait pas sur le domaine thérapeutique, il suggère, à la fin de son texte, que le fait de « donner à ses expériences de méditation une signification symbolique typique de l'expérience mystique quand la condition morale de la personne concernée ne correspond pas à une telle expérience représenterait une sorte de schizophrénie mentale qui pourrait aussi mener à des troubles psychiques et parfois à des déviations morales ».

Ici, je dois reprendre la parole en tant que psychiatre : même si ce que dit le cardinal Ratzinger dans son style typiquement romain n'est pas faux, je pense néanmoins que le contraire est plus proche de la vérité... : en bref, si un patient devient schizophrène, ce n'est pas parce qu'il est trop proche de ses sensations corporelles, c'est au contraire qu'il en est dissocié. Il sent son corps comme mort, comme une pierre ou un vide et essaie ainsi de contenir son angoisse qui se manifeste dans le corps aussi. Si les choses vont mal pour lui, ce n'est pas parce qu'il cherche à méditer, mais c'est plutôt parce que personne ne lui a appris à méditer correctement, c'est-à-dire avec un rapport concret, positif au corps et un respect des règles de concentration de l'esprit. En donnant trop vite une valeur mystique élevée à des expériences intérieures transitoires, on risque, plutôt que la schizophrénie, l'hypocrisie : cette dernière est un obstacle majeur au développement spirituel; à cause d'elle, beaucoup de gens ne prennent pas au sérieux la religion.

Je pense qu'aucun hindou ne critiquera la conclusion du cardinal Ratzinger (p. 23) disant que l'idéal réside dans « l'union de la prière et de l'action », mais à condition de donner deux précisions : d'une part, cette union est un état très élevé, si on veut qu'elle soit parfaite; pour y parvenir, il y faut beaucoup de méditation. Si l'on souhaite mettre en avant que cette union vient par la grâce, on peut reconnaître qu'il faut quand même beaucoup de prière et de méditation pour être préparé et présent quand cette grâce survient, et encore plus de méditation pour la faire fructifier, alors que d'elle-même elle aurait tendance à s'atténuer naturellement. Sainte Thérèse d'Avila, il me semble, est restée dix-huit ans dans la cellule de son couvent à se battre avec ses visions et ses maux de tête avant de parvenir à la « vie unitive » qui lui a permis une action considérable, mais pure de tout attachement. D'autre part, associer automatiquement, en parlant d'action, le service des frères avec « la collaboration à la mission de l'Église » semblera aux yeux d'un hindou une tentative de récupération sectaire de l'expérience intérieure par une institution ayant des visées expansionnistes. Moyennant ces deux précisions, on peut dire qu'un hindou sera d'accord avec un chrétien pour dire que le stade ultime consiste en une réelle union de la méditation et de l'action.

Les chrétiens caricaturent trop souvent l'hindouisme comme une mystique du renoncement au travail et de la fusion dans l'Absolu impersonnel; mais l'action est suggérée fortement dans la Bhagavad-Gîtâ, et la majorité des hindous vouent un culte à un Dieu personnel, même s'ils ne l'appellent pas le Père.

J'ai pu m'entretenir avec un des enseignants d'une grande institution catholique de Delhi à propos de la lettre du cardinal Ratzinger. Il me semble utile, en conclusion, de résumer ce qu'il en pense : « La lettre du cardinal est malvenue *(unwelcome)*. Elle est irrespectueuse du christianisme indien et de sa spécificité. On aurait pu s'attendre à plus de discrétion de la part d'un responsable central de l'Église catholique. Son ton est amer. Il néglige la prière du cœur et l'importance du silence. Ici à Delhi, certains se servent du hatha-yoga et de méthodes indiennes de méditation pour calmer le corps et l'esprit, et ils savent que ces pratiques les aident; ils les poursuivent malgré cette lettre de Rome; quant aux autres, ne nous illusionnons pas, ils ne pratiquent aucune méditation, ni hindoue ni chrétienne; donc, pour eux aussi, cette lettre est sans effet... Pourquoi l'Église devrait-elle être sur la défensive? D'après les indices que j'ai en provenance de Rome, cette lettre semble être la première d'une série de mesures rétrogrades destinées à mettre le christianisme indien au pas. Elles sont inspirées par un groupe d'influence de théologiens germaniques qui légifèrent du fond de leur bureau sur le statut des religions orientales alors qu'ils ont toujours fui un contact réel avec ces dernières. Les chrétiens indiens n'ont aucune raison d'accepter de mettre leurs pendules à l'heure allemande. »

Même du point de vue d'une orthodoxie stricte, on ne voit pas en quoi des pratiques corporelles, respiratoires ou de concentration simple pour calmer l'esprit peuvent être nuisibles. Trop souvent, l'apprenti mystique oscille sur un axe horizontal, entre l'intellectuel et l'émotionnel. Le retour au corps lui permet de s'appuyer sur un axe vertical solide, allant directement du physique au spirituel. Je me suis entretenu avec le Père Maître de la Grande Chartreuse, monastère que l'on ne peut soupçonner d'être saisi par la démangeaison des réformes ou de l'ouverture sur le monde; il m'a dit que bon nombre de novices priaient à la manière orientale, assis les jambes croisées. Ils avaient appris ce genre de postures de méditation lors de stages divers, avant d'entrer en Chartreuse, ils s'en trouvaient bien et le Père Maître ne voyait pas la raison de les en décourager, ni d'avoir peur de ces pratiques. De fait, peur et spiritualité authentique ne peuvent coexister :

une spiritualité minée par la peur est comme un corps sans jambes.

Une question délicate, au moins du point de vue de l'Église, est de savoir si le maître de méditation doit être obligatoirement de la même confession que le disciple. Le cardinal Ratzinger dans sa lettre répond « oui » mais on trouve de nombreuses allusions dans l'histoire de la spiritualité au fait que le maître puisse aussi venir d'ailleurs. La femme que Socrate reconnaissait comme maître, Diotime, était parfois appelée « l'étrangère de Mantinée ». Mantinée n'était pas très loin d'Athènes, mais la prêtresse avait quand même le statut d'étrangère. Au tout début de l'*Apologie,* on voit que Socrate lui-même se définit devant ses juges comme un étranger, alors que du point de vue légal il était citoyen d'Athènes au sens plein du terme. Platon, Pythagore ont été chercher, dit-on, une partie de leur science chez les Égyptiens. Un maître gnostique se faisait appeler *Allogènes,* celui qui est né ailleurs, l'étranger. Le maître spirituel est un personnage suffisamment important pour que l'on accepte de se déplacer, au physique comme au mental, afin de le rencontrer.

Abraham a commencé par devenir un étranger en quittant sa ville d'Ur en Chaldée; ensuite seulement, il est devenu le Père des croyants. Le christianisme a été vécu pendant les premiers siècles dans l'Empire romain comme un culte étranger. Quand saint Jean dit que « le Verbe a habité parmi nous », il emploie le mot *eskênosèn,* « il a planté sa tente ». Le maître spirituel est un nomade dans l'âme. Il est difficilement prophète en son pays; il est dans notre monde, mais n'est pas de notre monde. En Orient, on raconte à ce propos l'histoire du lionceau élevé chez les moutons. Il a fallu que le lionceau rencontre un lion, un maître, pour réaliser sa vraie nature, par un effet de miroir, pourrait-on dire.

Cette question du maître qui vient d'ailleurs se pose de plus en plus aujourd'hui. Nous ne sommes plus au Moyen Age et des enseignements spirituels du monde entier sont relativement accessibles dans notre pays même, parfois à notre porte. Sans doute, les chrétiens qui sont orientés avant tout vers le service social, et c'est une vocation élevée, n'ont pas à se soucier de tels enseignements, mais ceux qui se préoccupent de suivre une voie plus mystique se poseront la question de leur intérêt pratique tôt ou tard. Quelle que soit la provenance du maître spirituel, une de ses qualités essentielles est l'indépendance. Même s'il appartient à une institution, il doit être intérieurement complètement indépendant de celle-ci. « Le juste juge, mais n'est pas jugé » *(I Cor. 2, 15)*. Pour justifier une obéissance complète à l'institution, on invoque souvent la phrase du Magnificat : « Il a regardé son humble servante », mais il ne faut pas oublier que Marie disait cela avec la pleine conscience d'être la Mère de Dieu, ce qui n'est pas rien.

Il est possible que l'accumulation de lectures de livres spirituels, d'audition de conférences, de pratiques de méditation crée dans l'esprit du chercheur une sorte de « flou paradoxal », et que tout paraisse soudain irréel dans ce domaine spirituel qu'il a étudié auparavant avec tant d'intérêt. C'est à ce moment-là que la présence du maître spirituel a toute son utilité. Il donne à la recherche intérieure, de par sa simple existence, une saveur irremplaçable de réalité. Au-delà de l'Église hiérarchique et de ses dissensions, au-delà de l'Église de l'Esprit et de ses incertitudes, saurons-nous découvrir l'Église du maître spirituel? On dit parfois que ce ne sont pas les vrais maîtres qui manquent, mais les vrais disciples... à méditer. Le disciple concentre à long terme son attention sur le maître. Ce dernier devient comme une seconde nature en lui; mais en réalité, la nature du maître ne fait qu'un avec la nature du disciple. Quand ce dernier, dans son itinéraire intérieur, s'approche du « nuage d'inconnaissance », de la « nuit obscure » des sens et de l'intelligence, c'est au maître spirituel qu'il peut dire, à la manière des pèlerins d'Emmaüs cheminant avec le Christ : « Reste avec nous, le jour décline » *(Lc 24, 29)*.

Dernières réflexions

J'ESPÈRE que cette tentative pour faire percevoir comment un hindou cultivé spirituellement, intellectuellement et se préoccupant de faire preuve de discrimination pourrait comprendre le christianisme et son mode de transmission de l'expérience spirituelle sera utile aux lecteurs. Il me paraît important, à la fin de ce texte, de relativiser à nouveau les discussions et idées à propos de religions comparées. Si l'on se place d'un point de vue strictement intellectuel, on peut faire des distinctions à l'infini; cependant, du point de vue spirituel, l'expérience du Réel vient quand le mental, la « machine à distinguer » s'est arrêté. C'est alors que se retrouvent les mystiques des diverses traditions. Ramana Maharshi pose une question qui est une aide dans le sens de cette expérience : « Que deviennent toutes ces idées, quand on est en état de sommeil profond? » Il s'agit de l'expérience de la Connaissance, de la Gnose, qu'elle soit ancienne ou nouvelle [38].

Il y a tout dans le christianisme pour parvenir au sommet de la vie spirituelle, si toutefois le chercheur atteint la véritable tolérance. En pratique, cela signifie bien autre chose que de supporter les autres religions comme un mal nécessaire. Il s'agit d'accepter leur génie propre et de comprendre la manière dont les mystiques de chacune d'entre elles ont réussi à les dépasser. Si je ne ressens pas cette acceptation et cette compréhension, je m'éloigne et j'ai toujours expérimenté que cet éloignement des groupes fermés sur eux-mêmes me rapprochait du but de la vie spirituelle tel que je l'envisage; mais la véritable tolérance est difficile. On raconte l'histoire de l'archimandrite de Jérusalem qui, en tant qu'arménien, ne pouvait supporter les Turcs qui avaient massacré son peuple : « Je déteste les Turcs, disait-il. Je sais que le Christ a dit d'aimer ses ennemis; mais il a dit cela avant que les Turcs n'arrivent!... »

Thomas Merton raconte que son premier vrai contact avec la spiritualité a été la rencontre d'un moine hindou qui lui a conseillé de lire les *Confessions* de saint Augustin et *L'Imitation de Jésus-Christ.* Il a suivi le conseil, est rentré ensuite chez les Cisterciens, est devenu maître des novices; il a écrit une cinquantaine d'ouvrages sur la spiritualité chrétienne; puis, trente ans plus tard, il a eu l'occasion de faire un voyage en Inde. On lui a conseillé, chez les Tibétains, de se mettre à l'école d'un maître. Il a noté alors dans son *Journal* (16 novembre 1968) : « Il s'agit de trouver l'homme qu'il me faut [39]. » Trois semaines plus tard, il décédait accidentellement à Bangkok où il avait été invité à une conférence interreligieuse. Je ne pense pas que, pour Merton, se mettre à l'école d'un maître oriental eût signifié conversion. Cela aurait simplement signifié un approfondissement de sa vie spirituelle. De même, le Père Le Saux n'était pas converti à l'hindouisme quand il écrivait dans son *Journal :* « Le Christ doit être étudié non à partir du *mythos,* mais à partir d'une réalité accessible, le Jñani, le gourou [40]. » Lorsque le mystique suit sa propre expérience, il peut trouver des accents où chaque religion peut se reconnaître. Car il a conscience du bonheur, car il demeure dans le bonheur de la conscience. On peut percevoir cela entre autres par la poésie. Hindous et chrétiens, par exemple, pourront apprécier également cette strophe de Marie Noël :

« Mon Dieu, source sans fond de la douceur humaine,
Je laisse en m'endormant couler mon cœur en Vous

Comme un vase tombé dans l'eau de la fontaine
Et que vous remplissez de Vous-même sans nous [41]. »

L'Église devrait se libérer de son rêve dangereux d'unité politico-métaphysique complète. A chaque siècle, il mène des gens au martyre, pour ou contre, il ampute des vocations spirituelles, tout cela pour essayer de faire rentrer de force tout le monde dans un moule donné, de les faire passer sur un lit de Procuste dogmatique. Prenons-nous à imaginer : si le christianisme s'était développé à la manière hindoue, il serait constitué d'une confédération non pas d'hérésies, mais d'écoles. Chaque chrétien serait encouragé à étudier ces différentes écoles, ce qui dérouillerait son intelligence, et à suivre celle qui convient le mieux à son tempérament, sans pour autant dénigrer les autres. Ce modèle hindou de confédération de groupes religieux aux idées variées pourrait être une inspiration pour une religion du XXIe siècle : ni mélange ni concurrence, mais confédération de groupes. Cela dit, les institutions ont leur logique interne et ne peuvent changer comme cela. Elles suivent leur chemin; quant à moi, je suis le mien « bon pied, bon œil »...

Il est intéressant de voir l'évolution actuelle du christianisme indien d'après des articles récents. Le christianisme progresse dans les zones non hindoues de culte animiste, il ne se répand guère parmi les hindous. A l'intérieur du christianisme lui-même, il y a tendance à la désaffection des grandes institutions et Églises au profit de groupes indépendants de petite taille. Cela ne signifie pas que tous ces petits groupes soient centrés sur un maître spirituel de qualité, loin de là; mais il y a tendance à la pratique de la religion dans une structure indépendante de taille humaine. Chez les catholiques, peut-être parce que le conflit avec l'autorité centrale ne peut s'exprimer directement, il se déplace : on se met à discuter pour savoir dans quelle proportion il faut indianiser le christianisme, que ce soit dans son vocabulaire philosophique ou mystique ou dans sa pratique liturgique. La situation bouge : notre époque est une période dure pour les empires, qu'ils soient idéologiques ou religieux.

Le réel mystique, le maître spirituel, est comme Socrate *atopos,* « sans lieu ». Il est de partout et de nulle part : s'il fait semblant d'être de quelque part, c'est pour ne pas faire de peine à son entourage. Il vit sur deux niveaux à la fois. L'un où il respecte les moindres conditionnements de son environnement, et l'autre où il est complètement libre, identifié à l'Absolu. Entre la pesanteur des grandes institutions aux contraintes multiples et la superficialité des apprentis mystiques nés par génération spontanée, le maître spirituel représente une voie de juste milieu : il est la tradition tout en restant lui-même.

Au moment de terminer ce texte, je m'apprête à revenir au silence de la méditation dans une chambre qui donne sur le Gange et les premiers contreforts de l'Himalaya. Me revient en mémoire ma rencontre, il y a quelques mois, avec le Maître des novices de la Grande Chartreuse, le seul membre de la communauté avec lequel un visiteur puisse espérer pouvoir parler. Je lui ai raconté l'histoire suivante des Pères du désert, et il m'a dit que les Chartreux l'aimaient tellement qu'ils l'ont mise dans leurs Constitutions : « Un hôte de passage, au moment de quitter un Ancien et ses disciples, dit qu'il va voir le Pape et demande à l'Ancien s'il a un message à lui transmettre. L'Ancien répond : " Comment serait-il édifié par nos paroles, s'il ne l'est pas par notre silence? " »

Notes

Première partie

1. Gaston Bachelard, *L'Air et les songes,* José Corti, p. 14.
2. Cité par le Dalaï-Lama dans *L'Enseignement du Dalaï-Lama,* Albin Michel, Spiritualités vivantes, 1976, p. 135.
3. *Idem,* p. 140.
4. Martine Quentric, *Le Symbole du zéro,* Mémoire de maîtrise de psychologie, Paris.
5. Père Bruno, *Illuminations et sécheresses spirituelles,* Études carmélitaines, D.D.B., 1937, p. 227.
6. Lilian Silburn, *Le Vide,* Hermès, Les Deux Océans, 1981, p. 42.
7. *Idem,* p. 115.
8. *Idem,* p. 57.
9. Cité par Venkataraman K., *Nâgârjuna's Philosophy,* Motilal Banarsidas, 1966, p. 319.
10. Pour une critique du nihilisme sous-jacent à l'intellectualisme des années soixante et la différence de niveau et de qualité entre la mystique négative et les sophismes de la « déconstruction », voir l'analyse pertinente de Raymond Abellio dans son *Manifeste de la nouvelle Gnose,* p. 116-132, N.R.F., Essais, Gallimard, 1989.
11. Pierre Weil, *L'Homme sans frontières,* Espace Bleu, 1988, p. 120 à 158.
12. D.W. Winnicott, *De la pédiatrie à la psychanalyse,* Éd. Payot, 1969.
13. Françoise Dolto, *Tout est langage,* Livre de Poche, 1987, p. 140.

14. Nisargadatta Maharaj, *Prior to Consciousness,* éd. Jean Dunn, Acorn Press, 1985, p. 4.
15. A. Jaubert, *Approches de l'Évangile de Jean,* Seuil, 1975, p. 135.
16. Jean-Yves Leloup, *L'Évangile de Thomas,* Albin Michel, 1988, p. 16.
17. Cité par M.-M. Davy, *Traversée en solitaire,* Albin Michel, 1989, p. 102.
18. *Les Chants à Kali,* Ramprasad, trad. Michèle Lupsa, Les Belles Lettres, Paris.
19. Guy Claxton, *Beyond Therapy,* Wisdom Publications, Londres, 1986.
20. *La Bioénergie,* Lowen, Tchou, 1976.
21. Voir à ce sujet la discussion de Marc-Alain Descamps dans *Mystique et Transpersonnel,* Éditions Trimégiste, 81500 Lavaur, 1991, p. 30.
22. Cf. Barte Nhi H., *Les Chemins de la libération,* Épi, 1978.
23. Voir aussi l'expérience de Ramdas telle qu'elle est décrite dans Gilles Farcet : *L'Homme se lève à l'Ouest,* Albin Michel, 1992, ch. II.
24. Françoise Dolto, *Tout est langage, op. cit.,* p. 85.
25. Daniel Pons, *Le Fou et le Créateur,* Albin Michel, 1990, p. 74. Voir aussi *Question de,* « Un et Nu; Daniel Pons, ou l'éveil de l'être », n° 86.
26. H.V. Guenther, *The Life of Naropa* (trad. du tibétain), Oxford University Press, 1963, p. 79.
27. Robert Castel, *Le Psychanalysme,* coll. « Champs », Flammarion, 1973.
28. Alain Kieser, *L'Inanalyse; le déclin de la psychanalyse en Occident,* Lierre et Coudrier, 1987.
29. Annie Cahn, *Matériaux pour une typologie de la vie hors du siècle : Renonçants indiens et fols-en-Christ russes,* Mémoire de maîtrise d'ethnologie, Paris X, 1983. Cf. également *Les Fols-en-Christ,* par Irina Goraïnoff, Desclée de Brouwer, 1983.
30. June, Mac Daniel, *The Madness of Saints : Ecstatic Religion in Bengal,* University of Chicago Press, 1989, p. 243 *sqq.*
31. Jacques Vigne, *Deux Cas de délires mystiques en milieu traditionnel,* Mémoire de psychiatrie, Paris VI, 1896, p. 55-78.
32. Jacques Vigne, *Krishnamurti était-il un gourou ?,* à paraître.

33. Jacques Vigne, « Guru and psychotherapist » *The Journal of Transpersonal Psychology,* Stanford, Californie, 1991, vol. 23, n° 2.

34. Érasme, *Éloge de la Folie,* G.F. Flammarion, 1964, p. 48.

35. Saint Athanase, *Antoine le Grand, Père des moines,* Foi vivante, Cerf, 1989, p. 82.

Deuxième partie

1. Cité par Elaine Pagels, *The Gnostic Gospels,* Weidenfield et Nicholson, Londres, 1980, p. XXI. Édition française *Les Évangiles secrets,* Gallimard, 1982.

2. Saint Clément d'Alexandrie, *Stromates,* Livre VI, ch. X, d'après la traduction anglaise de Robertson, Édimbourg, 1872, p. 350.

3. Raimundo Pannikar, *The Unknown Christ of Hinduism,* Darton, Longman et Todd, Londres, 1964.

4. Catherine Clémentin-Ojha : a) *Quelques remarques sur le vocabulaire chrétien en hindi,* Adhyatan, 5, 1990, p. 145-166. – b) « La façon dont les hindous ont perçu le christianisme en Inde », *Revue de l'Institut catholique,* n° 38, avril-juin 1991, p. 9-33.

5. Tous ces renseignements sont tirés de B.M. Panle, *Indian Religions and the West : Historical Perspective,* Yoga Vivekânanda Patrika, 9, 1, Madras, 1980, p. 257 *sqq.* et plus loin, citant Ch. Eliot, *Hinduism and Buddhism,* Londres, 1957, vol. III, p. 443.

6. J.-Y. Leloup, *L'Évangile de Thomas, op. cit.,* logion 114.

7. Saint Clément d'Alexandrie, « Stromates », Cant 3 Cap 98, *Sources chrétiennes,* n° 5, Cerf.

8. Pagels, *op. cit.*

9. Cf. l'étude d'Annie Jaubert sur « Le titre de Fils de Dieu », in *Approches de l'Évangile de Jean,* Seuil, 1976, p. 156-160. Pour la vision de Jésus dans les deux premiers siècles, cf. du même auteur *Les Premiers Chrétiens,* Seuil, 1967.

10. Maître Eckhart, *Sermons,* Seuil, 1978, tome II, p. 64.

11. *Id.,* p. 58.

12. *Id.,* p. 191.

13. Marc-Alain Ouaknine, *Le Livre brûlé,* Lieu Commun, 1990, p. 13 et 16.

14. Cf. Marcel Jousse, *L'Anthropologie du Geste,* Gallimard, et René Girard, *Des choses cachées depuis la fondation du monde,* Grasset.

15. Geoffrey Parrinder, *Avatar et Incarnation, a Comparison of*

Christian and Indian Belief, Oxford University Press, New York, 1982.

16. Swami Saradânanda, *Râmakrishna, the Great Master,* Sri Ramâkrishna Math, Mylapore, Madras, 6e éd., 1983.
17. *The Gospel of Râmakrishna,* II, p. 397.
18. Bhagavad-Gîtâ XVIII, 66.
19. Saradânanda, *op. cit.,* p. 90.
20. Jacques Vigne, *Le Maître spirituel dans le christianisme,* à paraître, *Le Maître et le Thérapeute,* Albin Michel, 1991, p. 44.
21. Saradânanda, *op. cit.,* p. 113.
22. H. Leisegang, *La Gnose,* Payot, 1951, p. 199.
23. *Id.,* p. 45.
24. Pagels, *op. cit.,* p. 15 et 31.
25. Bruno Forte, *La Trinité comme histoire,* Nouvelle Cité, Paris.
26. Saint Basile de Césarée, *Traité du Saint-Esprit,* Sources chrétiennes, Cerf, ch. XXX.
27. Saint Augustin, *De Trinitate,* 5, 9, 10. Cité par Forte, p. 158.
28. Clemens Romanus 1, 41, 3, cité par Pagels, p. 34.
29. *Id.,* p. 33, 38 et 44.
30. Régine Pernoud, *Les Saints au Moyen Age,* Plon, 1984, p. 40.
31. Pagels, *op. cit.,* p. 33.
32. Cf. sur ce sujet Louis-Marie Vigne, *Quelques aspects de l'introduction de la liturgie romaine en Gaule sous Pépin le Bref et Charlemagne,* Paris-Cujas, 1977.
33. Aloysius Pieris, *Une théologie asiatique de la libération,* Le Centurion, 1990.
34. A.-J. Festugière, *Socrate,* Foi Vivante, Cerf, 1977, p. 132.
35. Thomas Merton, *La Sagesse du désert,* Albin Michel, 1967.
36. Pagels, *op. cit.,* p. 74.
37. Cardinal Ratzinger, *Quelques aspects de la méditation chrétienne,* Librairie Vaticane, 1989.
38. R. Abellio, *La Nouvelle Gnose,* N.R.F., Essais, Gallimard, 1989. Abellio a inspiré également Bernard Besret : *Confiteor,* Albin Michel, Paroles Vives, 1991.
39. Gilles Farcet, *Thomas Merton,* Albin Michel, 1990, p. 122.
40. H. Le Saux, *La Montée au fond du cœur,* journal, Œil, 1986, p. 420.
41. Marie Noël, *Les Chansons et les heures,* Gallimard, 1935, 1983, p. 27.

Table

Introduction 9

I. SPIRITUALITÉ DE LA PSYCHOLOGIE

1. PEUT-ON GUÉRIR UNE NORMOSE? 23

La schizophrénie de la vie quotidienne 25
L'hypomanie du consommateur, défense contre la dépression existentielle 28
Paranoïa animale et paranoïa humaine 31
Hystérie et besoin d'attention 32
Rigidité obsessionnelle et sentiment du moi 34
Pour en finir avec la normalité 36

2. DÉPRESSION ET SPIRITUALITÉ 39

Les descriptions psychologiques de la dépression et leurs limites 40
La dépression, éveil spirituel masqué? 45
Dépressions et libérations au cours de l'évolution spirituelle 49

3. LE SAGE ENFANT 55

La régression, symptôme ou thérapie? 55
Fusion psychotique et mystique de l'unité 57

« Le sage est un enfant, mais sans les germes de l'ego ». 62
Retour à soi, retour au Soi et point de non-retour....... 66

4. LA CROISSANCE ET L'ESSENCE.. 69

Le Yoga de la Connaissance (Jñana-Yoga), système qui peut se dissoudre de lui-même.. 70
Les paires de contraires et leur résolution dans l'unité.. 72
L'ultime objectivité, au-delà du vertige des mots......... 74
Aspects thérapeutiques de la transe et de l'hyperventilation dans la tradition indienne.. 76
Le sahaja samâdhi, état de réalisation dans la vie ordinaire.. 79
Le Yoga, la psychothérapie et la consommation des conflits intimes.. 81
La pratique de la méditation : à la découverte de sa propre psychologie spirituelle.. 83

5. FOLLE SAGESSE.. 87

Début de schizophrénie et tendance mystique............. 88
Le génie du symptôme.. 94
Folie douce, folie amère et sainte folie dans la tradition.. 98
Pour une thérapie initiatique.. 101

II. PSYCHOLOGIE DE LA SPIRITUALITÉ

Introduction.. 107

1. COMMENT JÉSUS EST-IL CONSIDÉRÉ PAR LES HINDOUS?..... 123

Jésus libéré vivant.. 124
Jésus considéré comme Avatar.. 133

2. DOGMATIQUE, POLITIQUE ET EXPÉRIENCE INTÉRIEURE DANS LES PREMIERS SIÈCLES DE L'ÉGLISE.. 141

Les deux points de vue sur l'évolution du dogme........ 141
Pour une compréhension de la Trinité en langage hindou.. 145

3. LA CONCEPTION DE L'AUTORITÉ 155

« Dieu, évêque invisible et l'évêque, Dieu visible » 155
Dogmatique et célibat : quelques remarques de psychologie 159
Y a-t-il un ésotérisme chrétien? 162
Quel est le type d'obéissance qui fait progresser spirituellement? 166
Centralisation de l'autorité et volonté d'expansion........ 168
Décentralisation actuelle et demande d'inculturation 170

4. LE DÉSIR DE MARTYRE, PATHOLOGIE OU SAINTETÉ?.......... 173
5. LE MAÎTRE SPIRITUEL ET LA MÉDITATION........ 181

Dernières réflexions 191

Notes 195

« Spiritualités vivantes »
Collection fondée par Jean Herbert
au format de poche

1. *La Bhagavad-Gitâ,* de Shrî AUROBINDO.
2. *Le Guide du Yoga,* de Shrî AUROBINDO.
3. *Les Yogas pratiques (Karma, Bhakti, Râja),* de Swâmi VIVEKÂNANDA.
4. *La Pratique de la méditation,* de Swâmi SIVANANDA SARASVATI.
5. *Lettres à l'Ashram,* de GANDHI.
6. *Sâdhanâ,* de Rabindranâth TAGORE.
7. *Trois Upanishads (Ishâ, Kena, Mundaka),* de Shrî AUROBINDO.
8. *Spiritualité hindoue,* de Jean HERBERT.
9. *Essais sur le Bouddhisme Zen,* première série, de Daizets Teitaro SUZUKI.
10. – *Id.,* deuxième série.
11. – *Id.,* troisième série.
12. *Jñana-Yoga,* de Swâmi VIVEKÂNANDA.
13. *L'Enseignement de Râmakrishna,* paroles groupées et annotées par Jean HERBERT.
14. *La Vie divine,* tome I, de Shrî AUROBINDO.
15. – *Id.,* tome II.
16. – *Id.,* tome III.
17. – *Id.,* tome VI.
18. *Carnet de pèlerinage,* de Swâmi RAMDAS.
19. *La Sagesse des Prophètes,* de Muhy-d-dîn IBN'ARABI.
20. *Le Chemin des Nuages blancs,* d'ANAGARIKA GOVINDA.
21. *Les Fondements de la mystique tibétaine,* d'ANAGARIKA GOVINDA.
22. *De la Grèce à l'Inde,* de Shrî AUROBINDO.
23. *La Mythologie hindoue, son message,* de Jean HERBERT.
24. *L'Enseignement de Mâ Ananda Moyî,* traduit par Josette HERBERT.
25. *La Pratique du Zen,* de Taisen DESHIMARU.
26. *Bardo-Thödol. Le Livre tibétain des morts,* présenté par Lama ANAGARIKA GOVINDA.
27. *Macumba. Forces noires du Brésil,* de Serge BRAMLY.
28. *Carlos Castaneda. Ombres et lumières,* présenté par Daniel C. NOËL.
29. *Ashrams. Grands Maîtres de l'Inde,* d'Arnaud DESJARDINS.
30. *L'Aube du Tantra,* de Chogyam TRUNGPA et H. V. GUENTHER.
31. *Yi King,* adapté par Sam REIFLER.
32. *La Voie de la perfection, l'enseignement secret d'un maître kurde en Iran,* de BAHRÂM ELÂHI.
33. *Le Fou divin. Yogi tantrique tibétain du* XVI*e* *siècle,* de Drukpa KUNLEY.
34. *Santana, l'enseignement de Maître Goenka en Inde,* de Dominique GODRÈCHE.
35. *Dialogues avec Lanza del Vasto,* par René DOUMERC.
36. *Techniques de méditation et pratiques d'éveil,* de Marc de SMEDT.
37. *Le Livre des secrets,* de BHAGWAN SHREE RAJNEESH.
38. *Zen et arts martiaux,* de Taisen DESHIMARU.
39. *Traité des Cinq Roues (Gorin-no-Sho),* de Miyamoto MUSASHI.
40. *La Vie dans la vie. Pratique de la philosophie du sâmkhya d'après l'enseignement de Shrî Anirvân,* de Lizelle REYMOND.
41. *Satori. Dix ans d'expérience avec un Maître Zen,* de Jacques BROSSE.
42. *Discours et sermons,* de HOUEÏ-NÊNG, traduit par Lucien HOULNÉ.
43. *Tao Te King,* de LAO TSEU.

44. *Questions à un Maître Zen,* de Taisen DESHIMARU.
45. *Les Contes des arts martiaux,* recueillis par Pascal FAULIOT et présentés par Michel RANDOM.
46. *Essais sur les mystiques orientales,* de Daniel ODIER et Marc de SMEDT.
47. *Zen et vie quotidienne,* de Taisen DESHIMARU.
48. *Le Désert intérieur,* de Marie-Madeleine DAVY.
49. *La Sagesse de l'éveil,* textes présentés par Marc de SMEDT.
50. *L'Esprit guide, entretiens avec Karlfried Durckheim,* par Frantz WOERLY.
51. *Les Appeleurs d'âmes. L'Univers chamanique des Indiens des Andes,* de Sabine HARGOUS.
52. *Le Chemin de la Lumière, la Voie de Nur Ali Elâhi,* par BAHRÂM ELÂHI.
53. *L'Art de la réalisation,* de CHANDRA SWAMI.
54. *Le Trésor du Zen,* de Maître DOGEN, traduit et commenté par Taisen DESHIMARU.
55. *Aphorismes,* de TCHOUANG TSEU, présentés par Marc de SMEDT.
56. *L'Esprit caché de la liberté,* de Tarthang TULKU.
57. *Métanoïa. Phénomènes physiques du mysticisme,* d'Aimé MICHEL.
58. *L'Enseignement de Ramana Maharshi,* traduit par A. DUPUIS, A. PERRELI et J. HERBERT.
59. *Le Bol et le Bâton,* cent vingt contes Zen racontés par Maître Taisen DESHIMARU.
60. *Traité de l'amour,* d'Ibn 'ARABI, introduction, traduction de l'arabe et notes de Maurice GLOTON.
61. *L'Évangile de Thomas,* traduit et commenté par Jean-Yves LELOUP.
62. *L'Enseignement du Dalaï-Lama*, de Tenzin GYATSO, traduit par G. TULKU, G. DREYFUS et A. ANSERMET.
63. *La Montagne vide, anthologie de la poésie chinoise,* traduction de Patrick CARRÉ et Zéno BIANU.
64. *Mystères de la sagesse immobile,* de Maître TAKUAN, traduction et présentation de Maryse et Masumi SHIBATA.
65. *La Sagesse du désert, aphorismes des Pères du désert,* de Thomas MERTON, traduction de Marie TADIÉ.
66. *La Pratique du yoga intégral,* de Shrî AUROBINDO, textes groupés, traduits et préfacés par Jean HERBERT.
67. *L'Autre Rive,* textes fondamentaux du Zen commentés par Maître Taisen DESHIMARU. Présentation par Evelyn de SMEDT.
68. *Méditation et santé selon les traditions et médecines chinoises,* de Gérard EDDE.
69. *Métaphysique et psychologie,* de Shrî AUROBINDO.
70. *Le Mesnevi. 500 contes soufis,* de DJÂLAL AL-DIN RÛMI.
71. *Initiation et sagesse des contes de fées,* de Dennis BOYES.
72. *Initiation aux Livres des Morts égyptiens,* de Fernand SCHWARZ.
73. *Ivre de Tao. Li Po, voyageur, poète et philosophe, en Chine, au* VIII*e* *siècle,* textes réunis et présentés par Daniel GIRAUD.
74. *Futuwah, traité de chevalerie soufie,* traduit et introduit par Faouzi SKALI.
75. *Qui suis-je? La quête sacrée,* par Jean KLEIN.
76. *L'Évangile de Jean,* traduit et commenté par Jean-Yves LELOUP.
77. *Les Secrets du Soi,* suivi par *Les Mystères du Non-Moi,* de Mohammad IQBAL.
78. *L'Arbre de Vie. Introduction à la Cabale,* de Z'ev Ben Shimon HALEVI.
79. *Le Livre des œuvres divines (Visions),* de Hildegarde de BINGEN, présenté et traduit par Bernard GORCEIX.
80. *Instructions fondamentales. Introduction au bouddhisme Vajrayana,* de Kalou RINPOTCHE.
81. *Le Prophète,* de Khalil GIBRAN.

82. *La Paix monastique*, de Thomas MERTON.
83. *Le Fou et le Créateur*, de Daniel PONS.
84. *Zen et christianisme*, d'Evelyn de SMEDT.
85. *Le Livre divin*, de Fariddudine ATTAR.
86. *Écrits sur l'hésychasme*, de Jean-Yves LELOUP.
87. *Le Sable et l'écume*, de Khalil GIBRAN.
88. *Les Fleurs de Bouddha, anthologie du bouddhisme*, de Pierre CRÉPON.
89. *Yoga-Sutras*, de PATANJALI, traduction du sanscrit et commentaires de Françoise MAZET.
90. *Nuages fous*, d'IKKYÛ, traduit du japonais et commenté par Maryse et Masumi SHIBATA.
91. *Écrits*, du père Henri LE SAUX, choisis et présentés par Marie-Madeleine DAVY.
92. *Le Jardin de roses*, de SAADI.
93. *Trois Messagers pour un seul Dieu*, de Roger ARNALDEZ.
94. *Paroles du mont Athos*, de Jean-Yves LELOUP.
95. *A Bible ouverte*, t. I, de Josy EISENBERG et Armand ABECASSIS.
96. *Popol Vuh. Le Livre des Indiens Mayas Quichés*, traduit de l'espagnol par Valérie FAURIE.
97. *L'Œil du prophète*, de Khalil GIBRAN.
98. *Chercheur de vérité*, d'Idries SHAH, traduit par Jean NÉAUMET et préfacé par Doris LESSING.
99. *Le Chant de l'immédiat satori*, de Yoka DAISHI, traduit et commenté par Taïsen DESHIMARU.
100. *Le Yoga de l'Amour*, de Jean HERBERT.
101. *Et Dieu créa Ève, A Bible ouverte*, t. II, de Josy EISENBERG et Armand ABECASSIS.
102. *Les Collations*, de Jean CASSIEN, textes choisis et présentés par Jean-Yves LELOUP.
103. *Praxis et Gnosis*, d'ÉVAGRE LE PONTIQUE, textes choisis et présentés par Jean-Yves LELOUP.
104. *Le Centre de l'Être*, de K.G. DURCKHEIM, propos recueillis par Jacques CASTERMANE.
105. *Tsimtsoum*, introduction à la méditation hébraïque, de Marc-Alain OUAKNIN.

Offrande, textes et photos de Daniel PONS.
Le Prophète, de Khalil GIBRAN.

« *Spiritualités vivantes* » grand format

La Voie soufie, de Faouzi SKALI.
Musique et extase, l'audition mystique dans la tradition soufie, de Jean DURING.
Enseignements essentiels, du DALAÏ-LAMA, prix Nobel de la Paix.
Thomas Merton, un trappiste face à l'Orient, par Gilles FARCET.
L'Église et les religions ou le désir réorienté, du père Jacques VIDAL.
L'Expérience du Zen, de Thomas HOOVER.
Soleil de prières, anthologie du monde entier, de Sylvie REFF.
Rencontres avec Carlos Casteneda et Pachita la guérisseuse, de Maurice COCAGNAC.
Femmes en quête d'absolu, de Simone Weil à Élisabeth Kübler-Ross, d'Anne BANCROFT.
Ivresse de Dieu. Aventures spirituelles en Égypte, au IVe siècle, de Monique A. BERRY.

Le Maître et le Thérapeute, de Jacques VIGNE.
Dans le silence de l'Aleph, de Claude VIGÉE.
Ultimes paroles, de KRISHNAMURTI.
Comme un éclair déchire la nuit, du DALAÏ-LAMA.
L'Oiseau et sa symbolique, de Marie-Madeleine DAVY.
La Vie d'ermite, de Michel JOURDAN.
Zen et Occident, de Jacques BROSSE.
Éléments de psychologie spirituelle, de Jacques VIGNE.

*Cet ouvrage a été composé
et achevé d'imprimer sur Roto-Page
par l'Imprimerie Floch à Mayenne
pour les Éditions Albin Michel
en décembre 1992.*

*N° d'édition : 12697. N° d'impression : 33276.
Dépôt légal : janvier 1993.*

Imprimé en France